J. Carl Laney — »...bis der Tod euch scheidet?«

J. Carl Laney

"... bis der Tod euch scheidet?"

Scheidung und Wiederverheiratung

**Christliche
Verlagsgesellschaft
Dillenburg**

CIP-Kurztitelaufnahme der Deutschen Bibliothek

Laney, J. Carl:
...bis der Tod euch scheidet? J. Carl Laney
(Übers.: Gerhard Giesler, Überarb.: Dieter Boddenberg)
Dillenburg: Christliche Verlagsgesellschaft

Einheitssacht.: The Divorce Myth < dt. >

ISBN 3-921 292-69-7

Originaltitel: The Divorce Myth
© Copyright 1981 by J. Carl Laney, Oregon, USA
© Copyright 1988 der deutschsprachigen Ausgabe:
Christliche Verlagsgesellschaft Dillenburg
Übersetzung: Gerhard Giesler, Siegen
Überarbeitung: Dieter Boddenberg, Mettmann
Umschlaggestaltung und Foto: Dieter Otten, Gummersbach
Druck: Druckhaus Gummersbach
Printed in West-Germany

Inhaltsverzeichnis

Vorwort

Mit dem Verfasser Carl Laney betonen auch wir: Was Gott und was damit Sein Wort zum Thema der Scheidung und der Wiederverheiratung sagt, das ist auch für uns im deutschsprachigen Bereich letztlich von alleiniger Bedeutung.

Seit der Zeit, aus der der amerikanische Autor seine erschreckenden Scheidungszahlen holte und darauf die Zukunftsvision sowie den dringenden Aufruf zur Besinnung auf Gottes Willen aufbaute, haben sich die Scheidungszahlen auch bei uns ähnlich entwickelt. Vielleicht ist die Not auf diesem Gebiet bei den Gläubigen und in den Gemeinden bei uns noch nicht so drastisch und niederschmetternd wie drüben. Ich fürchte jedoch, daß die Gefahr wie eine Welle auch bei uns zur Wirklichkeit wird und uns miteinbeziehen will.

Weil uns da nun vorbereitend und auch vorbeugend nichts weiter helfen kann als die echte Rückbesinnung auf den Heilswillen dessen, nach dem wir uns nennen, freuen wir uns, mit den Darstellungen dieses Buches wirkliche Hilfe bieten zu können. Wir bitten mit dem Verfasser: Hören Sie nicht auf die vielfältig entwickelten Menschenmeinungen! Hören Sie einfach und einfältig auf Gott. Nur Er will ja für uns das Beste.

Christliche Verlagsgesellschaft
Dillenburg

Einführung

Mein Jugendfreund Tom starb mit einer Kugel im Herzen. Er hatte seinen VW auf die Spitze eines Hügels im Osten der Stadt gefahren, eine Pistole auf seine Brust gesetzt und abgedrückt. Warum? Was hatte ihn zur Verzweiflung getrieben?

Tom war Einzelkind und ein ziemlich ruhiger Junge. Wir spielten als Kinder häufig zusammen, fingen gern Flußbarsche in einem alten Teich dicht bei der Stadt. Er war ein gefestigter und auf das Leben gut eingestellter Junge. Dann erkrankte seine Mutter an einer Körperbehinderung schwerer Art, so daß sie keine aktive Rolle als Mutter oder Frau mehr spielen konnte. Im Verlauf ihrer Krankheit begann die Liebe, die Toms Eltern bisher zusammengehalten hatte, schwächer zu werden. Während Toms Oberschuljahren fing sein Vater an, weniger Zeit zuhause und mehr Zeit im Büro zuzubringen. Es dauerte nicht lange, und er ging mit anderen Frauen aus.

Toms Eltern hielten die Ehe äußerlich zusammen — um seinetwillen, um ihm ein Zuhause und eine Familie zu geben. Als Tom auf die Hochschule ging, wurde die Motivation, die Ehe fortzusetzen, zunehmend schwächer. Zwischen seinem ersten und zweiten Hochschuljahr schickten ihn seine Eltern für den Sommer nach Europa. Während seiner Abwesenheit ließen sie sich förmlich scheiden. Sein Vater heiratete eine andere Frau.

Tom erholte sich nie von dem Schock, daß seine Eltern geschieden waren. Er versuchte die Geborgenheit in der Familie zu ersetzen, die die Scheidung zerschlagen hatte. Er begann ein Verhältnis mit einer jungen Frau, doch wurde er depressiv über dem, was er tat und von dem er wußte, daß es falsch war. Toms Interesse an der Schule und seine gesellschaftlichen und sozialen Aktivitäten erlahmten infolgedessen. In einem Zustand der Depression und Verzweiflung fuhr er auf den Hügel, von wo er die Stadt überblicken konnte und nahm sich das Leben. Ironischerweise brachte sein Tod das zustande, was das Leben nicht vermochte: er brachte seine Eltern zusammen, wenigstens bei seiner Beerdigung.

Es gibt vielleicht niemanden unter den Lesern, der durch die Tragik der Scheidung und dadurch hervorgerufene Erschütterungen

nicht innerlich berührt wird. Die Statistiken belegen dies. Nach den Angaben des Statistischen Amtes der Vereinigten Staaten gab es 1920 eine Scheidung auf sieben Eheschließungen,
   1940 eine Scheidung auf sechs Eheschließungen,
   1960 eine Scheidung auf vier Eheschließungen,
   1972 eine Scheidung auf drei Eheschließungen und in
   1977 eine Scheidung auf zwei Eheschließungen.
1980 gab es 1.130.000 Scheidungen, ein Zuwachs von 39.000 gegenüber 1977. Die US-Scheidungsrate ist stetig gestiegen und hat sich zwischen 1967 und 1977 verdoppelt. Wenn diese Rate anhält, wird es bald eine Scheidung auf eine Eheschließung geben.

Vielleicht gibt es Scheidung auch in ihrer eigenen Verwandtschaft, bei nahen Freunden oder in der eigenen Familie. Nur wenige Amerikaner haben über die Tragödien von Ehezerbruch keine Tränen vergossen und deren Wunden nicht ertragen müssen. Unglücklicherweise ist dieses wuchernde Anwachsen der Scheidungsstatistik nicht auf die Familien von Ungläubigen begrenzt, sondern schließt auch evangelikale Christen ein. In den vergangenen Jahren wurde ich Zeuge von Ehezerbrüchen bei christlichen Arbeitern, Theologiestudenten, Pastoren und einem Kollegen des Seminars.

Ein die vermehrte Scheidungshäufigkeit in christlichen Familien fördernder Faktor ist die nachsichtige Haltung, die viele Pastoren, Lehrer und christliche Schriftsteller einnehmen, wenn sie dieses Thema behandeln. Während sie ohne jeden Zweifel aufrichtig in dem sind, was sie lehren, sind viele jedoch mehr durch ihre **Erfahrung** hinsichtlich des Scheidungsthemas beeinflußt als durch das Wort Gottes. Es kommt häufig vor, daß ein junger Pastor eine Trauung eines schon Geschiedenen durchführt, bevor er gründlich die Bibel hinsichtlich dieses Themas betrachtet hat. Kurze Zeit später setzt er sich hin, um die Lehre Jesu bezüglich Scheidung und Wiederheirat zu untersuchen. Es ist geradezu typisch, daß er annimmt, daß er richtig liegt bis er sich widerlegt sieht. So schließt er dann folgerichtig, daß Scheidung und Wiederheirat unter bestimmten Umständen gestattet sind. Seine einzige Alternative ist, seinen Irrtum einzugestehen und die Folgen im Leben derer zu erkennen, deren Trauung er durchführte. Nur wenige haben den Mut, die Demut und die Integrität, diesen Weg einzuschlagen.

Ich verstehe die Bibel so: Sie lehrt, daß die Ehe von Gott eingesetzt wurde und bis zum Tode andauern soll. In diesem Buch lege ich eine grundsätzliche Position vor: Nicht-Scheidung. Gemäß der Schrift ist die Ehe ein lebenslanges Verhältnis. Viele Bücher, die sich mit diesem Thema befassen, möchten die Scheidung als unter bestimmten Umständen erlaubt ansehen. Mein Buch soll allein zeigen, wie klar die Lehre Jesu ist: »Was Gott zusammengefügt hat, soll der Mensch nicht scheiden« ist ein Satz, dem nirgendwo sonst in der Bibel widersprochen wird. Ich werde auch erklären, wie der »Ausnahmesatz« im Matthäusevangelium in der zeitgenössischen jüdischen Umwelt verstanden wurde, in der der Herr Jesus sprach.

Bevor Sie mich als einen engstirnigen, kämpferischen Fundamentalisten abtun, lassen Sie mich Ihnen versichern, daß ich diese Haltung nicht über Nacht bekommen habe; das erwarte ich von meinen Lesern auch nicht. Meine Ansicht wurde im Studium und durch die Lehre der Schrift gebildet. Ich möchte nur um eine gerechte Beurteilung dieser Ansichten bitten. Lesen Sie bitte weiter und beurteilen Sie, ob meine Sicht die klaren und zusammenhängenden Lehren der Schrift nicht reflektiert.

Ich möchte das Buch auch noch so verstanden wissen, daß ich nicht irgendwie auf geschiedene Leute herabsehe. Ich habe einen guten Freund, dessen Frau früher verheiratet war und dann geschieden wurde. Obwohl wir hinsichtlich des Themas Scheidung nicht direkt konträrer Meinung sind, haben wir es lange besprochen und während vieler Jahre gute Gemeinschaft zusammen gehabt. Ich hege große Hochachtung für ihn, seine Haltung und seine christliche Frau. In diesem Buch hoffe ich Gottes Einstellung zur Scheidung und zu Geschiedenen darzulegen. Niemals schließt Gott einen Kompromiß mit der Sünde, und doch ist Er der liebende, vergebende Gott, der diejenigen wiederherstellen will, die Seinen gerechten Maßstäben nicht entsprochen haben **und das schließt uns alle ein**.

In diesem Buch möchte ich dem Leser zu helfen versuchen, Gottes Wort zu prüfen und somit einen biblischen Zugang zur Scheidung und Wiederheirat zu eröffnen. Ich möchte den Leser ermuntern, die Heilige Schrift mit mir zu untersuchen, um Gottes Antworten auf folgende Fragen zu finden:

1.) Gibt es biblische Begründungen für Scheidung (Ehebruch, Verlassen, seelische Grausamkeit)?

2.) Wenn eine Person geschieden wird, ehe sie gläubig wurde, ist er oder sie berechtigt, eine weitere/erneute Ehe als Gläubiger einzugehen?

3.) Sollten ein Mann oder eine Frau sich von einer/einem zweiten Ehegattin/Ehegatten scheiden lassen, um zu der ersten Gattin/dem ersten Gatten zurückzukehren?

4.) Lebt eine Person, die sich hat scheiden lassen und wiederverheiratet ist, in beständigem Ehebruch?

5.) Begeht eine Person, die vorher noch nicht verheiratet war, und eine geschiedene Person heiratet, Ehebruch?

Ich erwarte nicht, daß jeder mit meinen Schlußfolgerungen übereinstimmt, doch hoffe ich, daß diese Studie Gläubige dazu bringt, ihre Ansichten über diese gegenwärtig aktuelle, moralische Frage zu überdenken. Unsere Behandlung der Scheidung und Wiederheirat darf sich nicht darauf konzentrieren, »was ein Rabbi Schammai sagt« oder »was ein Rabbi Hillel sagt«, sondern darauf: »Was sagt der Herr?«

I. Die göttliche Einrichtung der Ehe

Abgesehen von den Tagen meiner physischen Geburt und geistlichen Wiedergeburt bleibt der 5. Juni 1971 das wichtigste Datum meines Lebens. An diesem Tag wiederholte ich in der Gegenwart meiner Freunde und Verwandten diese Worte:
»Ich, Carl, nehme dich, Nancy, zu meiner Frau; dich zu haben und zu dir zu halten in guten und schlechten Tagen, in Gesundheit und Krankheit, dich zu lieben und wert zu achten, bis daß der Tod uns scheidet, gemäß Gottes Heiligem Wort; dazu verspreche ich dir meine Liebe.«
Obwohl ich mich viel mit dem Thema Ehe befaßt hatte, viele Bücher gelesen und manchen Rat bezüglich dieses wichtigen Lebensschrittes erhalten hatte, wußte ich doch wenig über die Ehe und die damit verbundene Verpflichtung. Erst während der letzten Jahre habe ich wirklich begonnen, die einzigartige Einrichtung Ehe zu verstehen, die einen Mann und eine Frau als ein Fleisch verbindet. Ich habe über die Antworten auf solche Fragen wie: »Warum hat Gott Eva erschaffen?« »Warum hat Gott die Ehe eingesetzt?« »Was bedeutet Ehe nach der Bibel?« nachgedacht. In diesem Kapitel werden wir das Wort Gottes untersuchen, um Antworten auf diese und andere Fragen zu entdecken.

Die Erschaffung des Menschen (1. Mose 1,26-28; 2,7)
Da kein Zeitungsreporter anwesend war, um die Erschaffung des Universums zu beobachten, kann nur Gott allein uns berichten, wie die Welt begann. 1. Mose 1 und 2 gibt uns diesen Bericht. Während einige Leute behaupten, daß diese Kapitel zwei Schöpfungsberichte enthalten (1. Mose 1,1-2 und 2,4-25), ist es besser zu sagen, Kapitel 1 betone die Erschaffung des stofflichen/materiellen Universums und Kapitel 2 befasse sich detailliert mit der Erschaffung des Mannes und der Frau.
Kapitel 1,24-31 berichtet uns über Gottes Arbeit am sechsten Schöpfungstag. An diesem Tag erschuf Er die Tiere, die die Erde bewohnen sollten — größere Tiere, Reptilien und Insekten (»Vieh und Gewürm«) und wilde Tiere (»Getier der Erde nach seiner Art«).

Dann sagte Gott: »Lasset uns Menschen machen in unserem Bilde; und sie sollen herrschen über die Fische des Meeres und über das Gevögel des Himmels und über das Vieh...« (1. Mose 1,26). Und so schuf Gott den Menschen als die Krone und den Höhepunkt Seiner schöpferischen Arbeit. Die Verse 26 und 28 bilden die doppelte Basis für den zentralen Gedanken in Vers 27. Hier enthüllt die Bibel drei Dinge. Erstens, daß der Mensch Gottes Schöpfung, nicht Ergebnis der Evolution ist. Zweitens, daß der Mensch in Gottes Ebenbildlichkeit gestaltet wurde. Charles Ryrie deutet an, daß der Begriff »im Bilde Gottes« auch die Herrschaft über die Erde und seine moralische Handlungsfähigkeit mit einschließe. Drittens ist der Mensch als geschlechtliches Wesen erschaffen worden — als männliches und weibliches Wesen.

1. Mose 2,7 enthüllt weiterhin, daß Gott den Menschen aus dem Staub der Erde gebildet und ihm dann den Lebensodem eingehaucht hat. Der »Staub« kann nicht das tierische Leben symbolisieren und Evolution mitbedeuten, denn der Leib des Menschen kehrt eben zu diesem Stoff zurück, wenn er stirbt (1. Mose 3,19). Der Lebensodem scheint Gottes eigener Lebensatem zu sein, der das Leben verleiht, das Er selbst besitzt. Der leblose Ton wurde durch den Atem des allmächten Gottes belebt!

Die Erschaffung der Frau (1. Mose 2,18-22)

Gott hat wiederholt festgestellt, daß Seine Schöpfung gut war (Kap. 1, 4. 10. 12. 18. 21. 25. 31), aber Er anerkannte auch, daß es **nicht gut** für Adam war, allein zu sein (Kap. 2,18). Adam erkannte seine eigene Unvollständigkeit, als er allen Geschöpfen der Erde Namen gab — das war die Ausübung seiner Herrschaft und Autorität — »aber für Adam fand er keine Hilfe ihm entsprechend« (Kap. 2,20).

Während Mann und Frau zusammen als »sehr gut« eingeschätzt werden (Kap. 1,31), ist der Mann in sich selbst unvollständig oder »noch nicht gut«.

Um der »nicht guten« Situation abzuhelfen, erklärte Gott, daß er »ihm eine Hilfe« machen wolle (vgl, Kap. 2,18), die ihm entsprechen würde. Gott bildete eine Frau, die dem Mann eine passende Gehilfin sein sollte, wörtlich »eine Gehilfin ihm entsprechend«. Der jüdische Talmud sagt, »Gott erschuf die Frau nicht aus des Mannes Haupt, so daß er sie beherrschen solle, noch aus seinen Füßen, so daß sie seine Sklavin sein solle, sondern vielmehr aus seiner Seite, so daß sie seinem Herzen nahe sei«. Die Frau sollte also nicht des Mannes Dienerin sein, sondern Gehilfin. Das Wort »Hilfe« ('ezer) wird mit Blick auf Gott in Psalm 33,20 und 146,5 verwendet; demzufolge ist die Frau sicher kein unterlegenes Wesen! Sie ist vielmehr das Gegenstück des Mannes, die ihm geistig, physisch und geistlich entspricht. Sie ist göttlicherseits dazu ersehen, dem Mann in allen Lebenstätigkeiten zu Hilfe zu sein und beizustehen, was dann Herrschaft über die Schöpfung, Erziehung der Kinder und Anbetung Gottes miteinschließt! Während Eva geschaffen wurde, um Adams Gegenstück zu sein, legen zwei Punkte in 1. Mose 2 die Vorrangstellung des Mannes über die Frau nahe. Der eine ist die **Schöpfungsordnung**. Die Tatsache, daß Adam zuerst erschaffen wurde, deutet seine Vorrangstellung und Autoritätsstellung über Eva an. Paulus bezieht sich in 1. Tim. 2,13 auf den gleichen Punkt, wenn er über das Verhalten der Frauen spricht. Der zweite Punkt ist die Tatsache, daß Adam nach 1. Mose 2,23 Eva einen Namen gab. Die Namensgebung für die Frau war Ausübung von Autorität und zeigt die Vorrangstellung des Mannes gegenüber der Frau. Dazu sei bemerkt, daß **Vorrangstellung** und **Gleichheit** nicht sich wechselseitig ausschließende Begriffe sind. Die Frau soll sich dem Manne unterordnen, obwohl sie ihm gleich und Miterbe der Gnade des Lebens ist (Eph. 5,22; 1. Petr. 3,7). Warum? Einfach darum, weil Gott diese göttliche Ordnung für Haus und Familie eingerichtet hat. Es ist interessant zu sehen, daß bezüglich der Dreieinheit die gleiche Ordnung existiert: so wie Gott das Haupt des Christus ist, ist der Mann das Haupt der Frau (1. Kor. 11,3). Unterordnung und Vorrangstellung bedeuten nicht Ungleichheit, denn Christus war unterwürfig und doch gleich mit Seinem Vater.

Die Einrichtung der Ehe (1. Mose 2,23-25).
Man stelle sich Adams Aufregung vor, als er mit verschlafenen Augen das schönste Geschöpf aus Gottes Schöpfung erblickte. In Vers 23 spricht er die ersten von ihm niedergeschriebenen Worte. Entzückt sagt er wörtlich: »Diese ist einmal Gebein von meinem Gebein und Fleisch von meinem Fleisch; diese soll Männin hei-

ßen, denn vom Mann ist diese genommen«. Nachdem Adam seine Autorität im Benennen seiner Frau ausgeübt hatte, ging Gott daran, die göttliche Institution der Ehe einzurichten. Die in 1. Mose 2,24 geschriebenen Worte werden häufig als Adams Worte angesehen. Doch ist eine solche Voraussicht hinsichtlich seines Ehe- und Familienlebens kaum dem Adam zuzuschreiben. Das Neue Testament hilft uns hier weiter. In Matth. 19,4-5 lesen wir: »Habt ihr nicht gelesen, daß der, welcher sie schuf, sie von Anfang an als Mann und Weib schuf und sprach: »Um deswillen wird ein Mensch Vater und Mutter verlassen und seinem Weibe anhangen, und es werden die zwei ein Fleisch sein«. Die Worte aus 1. Mose 2,24 sind ganz deutlich nicht Worte Adams, sondern die des Schöpfers selbst.

1. Mose 2,24 ist die einzige Aussage über die Ehe, die vierfach in der Bibel wiederholt wird. Zunächst erscheint sie im Schöpfungsbericht, später im Zusammenhang der Lehre Jesu über die Scheidung (Matth. 19,5; Markus 10,7) und schließlich in der paulinischen Illustration des Geheimnisses der Versammlung in Eph. 5,31. Der Vers hat drei Teile und erwähnt drei Dinge die für die Ehe wesentlich sind: verlassen, anhangen und ein-Fleisch-sein:

Verlassen

Gottes Plan für die Ehe beinhaltet als erstes das Verlassen. Der Ausdruck »um deswillen« bezieht sich auf Vers 22. Er könnte auch wiedergegeben werden mit »daher, aus diesem Grunde«. Weil Gott die Frau schuf, soll der Mann seine Eltern verlassen mit dem Ziel, seine eigene Familie zu gründen. Ohne diesen wesentlichen ersten Schritt kann es keine glückliche Ehe geben.

Als meine Tochter Elisabeth geboren wurde, hatte ich das Vorrecht, im Kreißsaal mit dabei zu sein und das in Staunen versetzende Ereignis mitzuerleben. Nach der Geburt trennte der Arzt mit einer scharfen Schere die Nabelschnur durch, die Elisabeth mit ihrer Mutter verbunden hatte. War das ein grausamer und gnadenloser Akt seitens des Arztes? Nein, denn wir wissen, daß er für ihr Wachstum und ihre Entwicklung notwendig war. Genauso, wie ein Baby nicht wachsen kann, es sei denn die Nabelschnur wird durchtrennt, genauso muß sich ein Ehepartner von seinen oder ihren Eltern trennen, um eine neue Familie zu bilden.

Verlassen ist nicht immer einfach. Es ist für Kinder oft schwer, die Eltern zu verlassen und vielleicht sogar schwerer für die Eltern, ihre Kinder gehen zu lassen. Es gibt viele Ehen, in denen der Ehemann oder die Ehefrau immer noch an »ihrer Mutter Schürzenzipfel hängen«, und so immer noch unter der Autorität von Mama und Papa leben. Das erlaubt geradezu das Einmischen der Schwiegereltern oder Schwäger und Schwägerinnen und verursacht unnötige Spannungen für das frisch vermählte Paar. Irgendjemand hat einmal gesagt, daß Wurzeln und Flügel die besten Erbstücke seien, die Eltern ihren Kindern mitgeben könnten — die Sicherheit zu wissen, daß Vater und Mutter immer da sind, um Hilfe und Mut zu Zeiten besonderer Not geben zu können, ebenso aber auch die Freiheit, das eigene Leben zu leben und die eigene Familie zu entwickeln.

Das Verlassen der Eltern bedeutet natürlich nicht ein im Stichlassen und sich-völlig-von-den-Eltern-Abwenden. Die Verantwortung des »Ehre deinen Vater und deine Mutter« aus 2. Mose 20,12 wird von dem Herrn Jesus auf die erwachsenen Pharisäer in Markus 7,6-13 angewendet. Der Apostel Paulus ermutigt im Zusammenhang mit der Versorgung der Witwen die Gläubigen, den betagten Eltern etwas zurückzuerstatten, daß heißt für ihre Bedürfnisse aufzukommen (1. Tim. 5,3-4)! Die Bibel legt einem jungen Paar niemals auf, den Kontakt mit den Eltern zu vermeiden, sondern will, daß die Eltern sie gehen lassen, aus dem Leben als Sohn und Tochter heraus, um ihr neues Bündnis als Ehemann und Ehefrau zu zementieren! Ich erinnere mich noch sehr wohl der Tränen, die Nancy vergoß, als wir ihre Heimatstadt kurz nach unserer Hochzeit verließen, um einen Dienst an der Jugend in Santa Cruz, Kalifornien, zu tun. Es gab Tage, an denen sie ganz allein war und sich einsam fühlte. Es gab jedoch keine Rückkehr in das Nest der Eltern. Anstatt sich an ihre Eltern und ihr früheres Zuhause zu wenden, mußte sie sich an **mich** wenden. Gemeinsam begannen wir ein neues Leben — ein Leben, das weder ihr noch mein Leben war, sondern **unser Leben**!

Anhangen

Der zweite, unverzichtbare Bestandteil der Ehe ist das Anhangen. »Ein Mann wird Vater und Mutter verlassen und wird seiner Frau anhangen«. Man kann nicht wirklich anhangen, ehe man verlassen hat. In diesem Prozeß gibt es eine göttliche Ordnung. Die Ehepartner müssen zum Zweck des Anhangens verlassen, um eine neue Familie zu gründen. Das hebräische Wort für »anhangen« legt die Bedeutung von »zusammen-, aneinanderkleben« nahe (Hiob 38,38). Hier bedeutet es, daß dicke Erdklumpen nach dem Regen zusammenkleben. Es wird in Josua 23,12 auch mit Blick auf das Anhängen an andere Völker verwendet; in 2. Kön. 5,27 wird es auf den Aussatz bezogen, der sich für immer an den unehrlichen und habgierigen Gehasi hängen sollte. In der Ehe sind Mann und Frau »zusammengeklebt«, untrennbar zu einer einzigartigen Einheit verbunden. Eine interessante Eigenschaft von Klebstoff ist seine Dauerhaftigkeit. Nur mit großer Mühe können zwei zusammengeklebte Gegenstände getrennt werden. Wenn man versucht, zwei miteinander verleimte Holzstücke zu trennen, werden sie gewöhnlich nicht an der Verbindungstelle auseinandergehen. Der Klebstoff hält die Nahtstelle fest zusammen. Das Holz reißt in seiner eigenen Maserung entzwei und bricht! Gegenstände, die zusammengeleimt sind, können nicht ohne großen Schaden getrennt werden. Dasselbe gilt von Menschen, die in der Ehe fest miteinander verbunden sind. Es ist eine bis zum Tode während Dauergemeinschaft. Da gibt es keinen Freibrief für Scheidung und Wiederheirat nach 1. Mose 2,24.

Vielleicht hätten wir das Wort »lieben« für »anhangen« gebraucht; aber Gott verwendete ein stärkeres Wort, das nicht so deutlich mit Gefühlen behaftet ist. Anhangen **schließt** Liebe — **agape** — mit ein. Das ist eine sich selbst aufopfernde Verpflichtung, so wie sie in Christi eigenem Beispiel des persönlichen Opfers eine wunderbare Entsprechung findet (Eph. 5,2 u. 25).

Man beachte wohl, daß der Mann »seiner Frau« anhangen soll. Das zeigt deutlich an, daß Gott die Ehe als eine Einehe, als eine monogame Ehe, eingesetzt hat. Wie aber kann dieser Gedanke mit den Beispielen der Mehrehe, die in der Bibel berichtet werden, in Einklang gebracht werden? Z.B.: Jakob hatte zwei Frauen (1. Mose 29,15-30), ebenso Elkana, Hannas Ehemann (1. Sam. 1,2). Während dies mit Gottes Ideal der Ehe — ein Mann für eine Frau — nicht übereinstimmt, wurde die Mehrehe unter alttestamentarischem Gesetz im Fall einer kinderlosen ersten Ehe (vgl. 5. Mose 21,15-17) und wenn ein Mann seines Bruder Witwe heiratete (5. Mose 25,5-10) gestattet oder gar geboten.

Die Praxis jedoch hat niemals zu einer glücklichen Ehe geführt, ganz im Gegenteil, sondern großes Elend auf diejenigen gebracht, die darin verwickelt waren (1. Sam. 1,6-7).

Seiner Frau anhangen schließt offensichtlich eheliche Untreue aus. An seine Frau gebunden zu sein, und gleichzeitig ein Verhältnis mit einer anderen Frau zu unterhalten, sind zwei sich gegenseitig ausschließende Vorstellungen. Eheliche Treue ist wesentlicher Bestandteil des Anhangens.

Ein Fleisch werden

Der dritte wesentliche Faktor der Ehe ist, daß die zwei »ein Fleisch werden«. Dieser Ausdruck bezieht sich auf den körperlichen Aspekt der Ehe. Ein Fleisch werden symbolisiert die Identifikation von zwei Menschen hinsichtlich der Einheit ihrer Interessen und ihrer Bestrebungen, eine Verbindung, die sich im körperlichen Zusammensein vollzieht. Obwohl sie zwei Personen bleiben, wird das verheiratete Ehepaar zu **einer** geheimnisvollen, geistigen Einheit.

Ein Fleisch zu werden macht in sich und durch sich noch keine Ehe. Das Verlassen und Anhangen muß dem vorausgehen. Das Verlassen muß von der Gesellschaft für die kommende Ehe anerkannt werden. Andererseits jedoch gibt es keinen sexuellen Verkehr, der nicht dazu führt, daß die beiden Menschen ein Fleisch werden (1. Kor. 6,16). Ein verheirateter Mann, der sich mit einer Dirne einläßt, hat die Einzigartigkeit des Ein-Fleisch-Verhältnisses zerstört, das er mit seiner Frau genoß.

Man beachte, daß dieser Vers nichts über Kinder aussagt. Eine kinderlose Ehe ist eine Ehe in jeder Hinsicht dieses Wortes. Ich glaube, daß Gott manchmal Kinder vorenthält, um zum Beispiel einem Ehepaar die Möglichkeit für einen Dienst zu geben, der unmöglich wäre bei bestehender Verantwortung in der Kindererziehung. Obwohl nun das Ehepaar ein Fleisch sein kann und doch kinderlos bleibt, ist die Geburt und das Aufziehen von Kindern ein bedeutsamer Aspekt der Ehe (1. Mose 1,28).

Der Begriff »ein Fleisch« wird wunderbar in den Kindern dargestellt, die Gott einem verheirateten Paar geben kann. In ihren Nachkommen sind Mann und Frau unauflöslich in einer Person vereint. Die Kinder sind Fleisch des Ehemannes und Fleisch der Ehefrau, sie besitzen die Eigenschaften des Mannes und die Eigenschaften der Frau. Es ist unmöglich, daß ich meine charakteristischen Eigenschaften von meinem Kinde zurückgewinnen kann, noch könnte meine Frau ihre Kennzeichen wieder zurückholen. Wenn ein Kind geboren wird, wird etwas Einzigartiges und Dauerhaftes gebildet. Ähnlich ist es bei der Ehe, in der diese Ein-Fleisch-Beziehung hergestellt wird.

Auch hier geht es wieder um eine innewohnende Ordnung. Ein-Fleisch-Werden folgt dem Verlassen und dem Anhangen. In unserer Zeit, in der häufig Partner gewechselt werden, werden diese Schritte oft umgekehrt gegangen. Die Bibel allerdings kennt den Begriff »Ehe auf Probe« nicht, in der Paare ohne Trauschein zusammenleben. Vorehelicher Verkehr ist nicht nur unmoralisch, sondern bringt auch noch den zukünftigen Ehepartner um das einzigartige Vorrecht, eine Jungfrau in die Ehe zu führen. Möglicherweise spricht Paulus zu der Frage der vorehelichen Keuschheit in 1. Thess. 4,3-5, wo er die Thessalonicher darüber belehrt, sich der sexuellen Unmoral zu enthalten und »daß ein jeder von euch sein eigenes Gefäß in Heiligkeit und Ehrbarkeit zu besitzen wisse«. Dabei ist man sich nicht ganz im klaren darüber, ob »Gefäß« den eigenen Leib oder die eigene Frau meint. Der unmittelbare Zusammenhang und 1. Petr. 3,7 sprechen für die letztgenannte.

Das mit »besitzen« (ktaomai) wiedergegebene Wort bedeutet im klassischen Griechisch »erwerben«. Demzufolge könnte sich der Apostel Paulus auf voreheliche Keuschheit während der Zeit des Kennenlernens und auf die Eheschließung beziehen. Der gläubige Mann sollte eine Frau in einer reinen Weise nehmen, die Gott ehrt, nicht jedoch in Leidenschaft, womöglich in vorehelicher geschlechtlicher Aktivität, einer Haltung, die häufig das Verhältnis von Ungläubigen charakterisiert.

Die Verpflichtungen der Ehe (Eph. 5,22-33)

Wann immer ich eine Trauung durchgeführt habe, wurden Braut und Bräutigam über ihre wechselseitigen Pflichten in der Ehe belehrt. Das ist meiner Auffassung nach nicht nur für die Brautleute, sondern auch für Freunde und die anwesenden Familienangehörigen von Bedeutung. Dabei spielt der Text aus Eph. 5,22-33 eine wichtige Rolle, denn hier gibt der Heilige Geist durch den Apostel Paulus den Ehemännern und Ehefrauen einige Direktiven und enthüllt auch den symbolischen Sinn der Ehe.

Die Frau: eine unterwürfige Gehilfin. Der erste Befehl geht an die Frauen. Paulus befiehlt den Frauen, sich der Führung ihrer Ehemänner unterzuordnen wie sie sich dem Herrn unterordnen (Eph. 5,22). Das Wort »unterwürfig« bedeutet schlicht »sich unterordnen«. Die Frau soll sich ihrem Ehemann unterordnen, sich ihm unterstellen. Wenn man eine Vase mit Rosen aufstellt, setzt man gewöhnlich einen Tisch darunter. In gleicher Weise soll die Frau ihren Mann »unter-stützen« in seiner Arbeit, seinem Dienst, seinen Familienpflichten, indem sie sich ihm unterstellt und unterordnet. Diese Unterordnung läßt den Gedanken an Ungleichheit nicht aufkommen, denn auch Christus war unterwürfig, zugleich jedoch gleich mit Seinem Vater, wie wir uns erinnern (Joh. 14,9; 17,4; Phil. 2,8). Die Unterordnung der Frau unter ihren Mann ist einfach ein Teil des allumfassenden Plans Gottes für die Ordnung in der Familie (Eph. 5,23-24).
Die Unterordnung der Frau unter den Mann ist keine Frage der bloßen äußeren Form, sondern der inneren Haltung. Die Frau kann eine Person mit starken und festen Ansichten sein und gleichzeitig der Autorität ihres Mannes untergeordnet, wenn sie ihn als das Haupt der Familie respektiert, wenn sie bereit, zufrieden ist, die letzten Entscheidungen in allen Familienangelegenheiten ihm zu überlassen. Wenn sie ihre Ansichten ganz deutlich gemacht hat, muß sie damit zufrieden sein, die Angelegenheit ihrem Mann und Gott letztendlich anzuvertrauen. Danach ist es ihre Pflicht, ihren Mann zu unterstützen, wenn er die Aufgaben ausführt, die erledigt werden müssen. Ihr Frauen, ärgert euch nicht über die Autorität eurer Ehemänner! Erfreut euch an ihr. Seid euren Männern in allem untergeordnet. Es ist euer besonderes Vorrecht, euch unter dem Schutz seiner Autorität zu bewegen! Gerade innerhalb dieses Musters der göttlichen Ordnung wird der Herr euch segnen und euch zum Segen für eure Männer, eure Kinder, eure Versammlung, eure Gemeinschaft setzen.

Der Ehemann: ein sich aufopfernder, liebender Ehemann. Der zweite Befehl ergeht an die Männer. Sie werden von Paulus dazu aufgefordert, ihre Frauen zu lieben »gleichwie der Christus die Versammlung geliebt und sich selbst für sie hingegeben hat« (Eph. 5,25). Frage den durchschnittlichen Ehemann, ob er seine Frau liebt, und er wird mit ja antworten, wobei dies ausdrückt, was er ihr gegenüber fühlt, oder was er ihr aus Rücksicht und Besorgnis heraus tut. Die **agape** — Liebe, auf die sich diese Schriftstelle bezieht, wird jedoch nicht an dem gemessen, was man fühlt oder sogar tut. Vielmehr wird sie gemessen an der Aufopferung seiner selbst, so wie es an Christus in Eph. 5,25-27 dargestellt wird. Das ist die Liebe, die in Joh. 3,16 gemeint ist: »Denn also hat Gott die Welt geliebt, daß er seinen eingeborenen Sohn gab, auf daß jeder, der an ihn glaubt, nicht verloren gehe, sondern ewiges Leben habe«. Weil Gott die Welt liebte, gab Er Seinen Sohn. Folglich meint Paulus, wenn er schreibt: »Ihr Männer, liebet eure Frauen« eine Liebe, die bereit ist, sich aufzuopfern. Die göttliche und geistliche Autorität eines Ehemannes über seine Frau muß in dem Opfer seiner selbst begründet sein.

Ehemänner, indem ihr eure Frauen liebt, müßt ihr zuerst um ihr geistliches Wohl besorgt sein. In der Familie müßt ihr sie durch Gebet und Wort in ihren geistlichen Bedürfnissen versorgen, ihre Aufmerksamkeit bezüglich ewiger und himmlischer Dinge stärken und ihr Wissen in christlichen Lebens-Fragen fördern. Darüberhinaus müßt ihr euch für eure Frauen opfern und für sie aufgeben. Wenn Unstimmigkeit in eurer Ehe aufkommt, ist es eure Verantwortung, euch zu demütigen und um Vergebung zu bitten. Dies bedeutet Tod für das Ich, denn es kann durchaus die Schuld eurer Frauen so groß wie eure, vielleicht noch größer sein. Doch ihr werdet aufgerufen, eure Frauen so zu lieben, wie Christus die Versammlung geliebt hat, so wie Er sich demütigte und unter die Sünde erniedrigte »als wir noch Sünder waren« (Röm. 5,8).

Schließlich sollt ihr als Ehemänner eure Autorität über eure Frauen in Demut ausüben. Die euch gegebene Autorität ist nicht ein Rechtsanspruch, sondern von Gott gewährt. Diese Haltung der Demut wurde von Jesus Christus demonstriert. Der Apostel Paulus schreibt: »Denn diese Gesinnung sei in euch, die auch in Christus Jesus war, welcher, da er in Gestalt Gottes war, es nicht für einen Raub achtete, Gott gleich zu sein, sondern sich selbst zu nichts machte und Knechtsgestalt annahm, indem er in Gleichheit der Menschen geworden ist, und, in seiner Gestalt wie ein Mensch erfunden, sich selbst erniedrigte, indem er gehorsam ward bis zum

Tode, ja, zum Tode am Kreuze« (Phil. 2,5-8). Du Ehemann, **liebe deine Frau**! Folge dem Herrn Jesus in **Opferbereitschaft** und **Demut** und die umgestaltende Liebe Christi wird zum Segen für deine Familie sein.

Der symbolische Sinn

Am Ende des 5. Kapitels des Epheserbriefes stellt Paulus fest, daß es einen symbolischen Sinn der Ehe gebe. Die eheliche Verbindung ist dergestalt eingerichtet, daß sie das Verhältnis zwischen Christus und Seiner Versammlung widerspiegelt (Eph. 5,32). Genauso wie in der Ehe eine Verbindung gebildet wird, wenn zwei Menschen ihr Leben einander übergeben, genauso wird eine Verbindung geschaffen, wenn ein Gläubiger dem Christus verbunden wird. In der Ehe ist es nun nicht nur die Liebe, die die zwei Menschen vor Gott und den Leuten miteinander verbindet, sondern auch die Existenz einer gottgewollten Einheit, die, in göttlicher Weise geplant, das innige und untrennbare Verhältnis zwischen Christus und Seinem Leib, das ist Seine Gemeinde, abbilden soll.

Zusammenfassung und Schlußfolgerung

Es ist unbedingt erforderlich, daß wir die Ehe so verstehen, wie Gott sie verstanden wissen will. Nur dann haben wir eine klare Linie, die es erlaubt, die Frage der Scheidung zu betrachten und zu bewerten. Auf der Grundlage des Studiums des Wortes Gottes können eine Reihe von Beobachtungen über die Einrichtung der Ehe gemacht werden:

1.) Die Ehe wurde von Gott eingesetzt (1. Mose 2,18.24)

Er schuf eine Frau für Adam und setzte die Ehe ein, weil es »nicht gut« für den Menschen war, allein zu sein. Gott erschuf dem Menschen eine passende Gehilfin, die ihm bei seinen Aufgaben: der Herrschaft über die Erde, der Erziehung der Kinder und der Gründung einer Familie ebenso wie bei der Anbetung Gottes beistehen sollte.

2.) Die Ehe ist eine Einehe.

Gott gab Adam nur eine Frau (1. Mose 2,22). Mehrehen waren während der Zeit des Alten Testaments vorhanden. Sie standen jedoch grundsätzlich nicht in Übereinstimmung mit Gottes ursprünglichen Plänen und brachten niemals Glück ins Haus.

3.) Die Ehe ist eine zweigeschlechtliche Beziehung.
Gott schuf Adam — einen Mann, Eva — eine Frau (1. Mose 1,27 und 2,22). Die Bibel schreibt nichts über eine Beziehung zwischen Adam und einem Mann. Der Befehl fruchtbar zu sein, weist auf die Tatsache hin, daß Gott die Einrichtung der Ehe als eine zweigeschlechtliche angesehen hat.

4.) Die Ehe schließt ein öffentliches und formales Verlassen der Eltern ein, um eine Familie zu gründen.
Die Sitten unterscheiden sich in dieser Hinsicht von Kultur zu Kultur, was die Hochzeitsfeierlichkeit oder die diesbezüglichen Formalitäten angeht. Auf jeden Fall muß jedoch eine öffentliche Anerkennung der Heiratsabsichten des jungen Paares deutlich werden. Dies scheint dem Begriff des Verlassens zu eigen zu sein.

5.) Die Ehe ist eine Beziehung, die ein Paar bis zum Tode bindet.
Dies wird in dem Begriff des Anhangens — »aneinandergeklebt« oder in dem ein-Fleisch-Verhältnis gebunden zu sein. Der Herr Jesus und Paulus haben ausdrücklich gelehrt, daß das eheliche Verhältnis nur durch den Tod aufgelöst werden kann (Mark. 10,9; 1. Kor. 7,39; Röm. 7,2-3).

6.) Ehe schließt die Führungsrolle des Mannes gegenüber seiner Frau ein.
Das wird durch die Vorrangstellung Adams in der Schöpfungsordnung und in der Namensgebung der Eva deutlich angezeigt. In Eph. 5,23 und 1. Kor. 11,3 wird diese Leitungsfunktion des Ehemannes von dem Apostel Paulus sehr deutlich herausgestellt.

7.) Ehe schließt die Rollenbezeichnungen mit ein.
Während Ehemann und Ehefrau in geistlichen Privilegien als gleich anzusehen sind (Gal. 3,28; 1. Petr. 3,7), sind ihre von

göttlicher Seite zugewiesenen Rollen in der Ehe recht unterschiedlich. Die Frau soll die Aufgabe einer sich unterordnenden Gehilfin erfüllen (Eph. 5,22-24); der Ehemann ist gehalten, die Rolle eines sich aufopfernden Liebenden zu erfüllen (Eph. 5,25-28).

8.) Die Ehe ist eine göttliche Berufung.

Die Ehe ist nicht eine Beziehung, in die man wegen sozialer Pression oder aus von Eltern her gezwungenen Motiven eintritt. Der Apostel Paulus erkannte, daß sowohl die Berufung allein zu bleiben als auch die Berufung zu heiraten, Gaben von Gott sind (1. Kor. 7,7). Paulus zog das Unverheiratetsein vor, denn es machte ihn frei von allen familiären Verpflichtungen, die ihn von seiner dem Herrn geweihten Berufung hätten abziehen können (1. Kor. 7,32-35).

Grundsätzlich ist die Ehe eine legale Einheit eines Mannes und einer Frau als Ehemann und Ehefrau. Die Ehe ist eine zu ehrende Einrichtung (Hebr. 13,4), die Gott geweiht (1. Mose 2,23-24) und Christus gesegnet hat, wie man das an Seiner Anwesenheit bei der Hochzeit zu Kana sehen kann (Joh. 2,1-11). Die Ehe, so wie sie von Gott geplant und vorgesehen war, kann eine wunderbare und glückliche Erfahrung für die sein, die sie in dieser Weise verstehen. Gottes Pläne für die Ehe, so wie sie in Seinem Wort dargestellt sind, werden jedoch nicht immer studiert und befolgt. Unglück, Unzufriedenheit und eheliche Zerwürfnisse sind die Folge. Was sagen wir zu zerbrochenen Ehen? Was passiert, wenn Gottes Ehepläne nicht beachtet und befolgt werden? Was sagt die Bibel über Scheidung? Der folgende Teil des Buches wird diesen und verwandten Fragen gewidmet sein.

Fragen

1. Wie würden Sie den Grund für die zwei verschiedenen Berichte über die Schöpfung in 1. Mose 1-2 erklären?
2. Was ist »das Bild Gottes« im Menschen (1.Mose 1,27)? Wie wurde dieses Bild durch den Fall des Menschen beeinflußt (1. Mose 3; 1. Kor. 11,7; Jak. 3,9)?
3. Welche Umstände gingen der Erschaffung der Frau voraus? Warum hat Gott dem Adam eine Frau gemacht?

4. Welche Hinweise gibt es bei der Erschaffung von Adam und Eva, daß Adam der Eva vorsteht?

5. 1. Mose 2,24 legt Gott Worte hinsichtlich der göttlichen Einrichtung der Ehe nieder. Welche drei Hauptschritte beinhaltet die Ehe. Erkläre sie.

6. Welche Bedeutung sehen Sie in der Ordnung des Verlassens, Anhangens und ein-Fleisch-Werdens?

7. Welche Hinweise finden sich in 1. Mose 2,24, daß Gott die Ehe als ein bindendes und dauerhaftes Verhältnis geplant hat?

8. Was ist mit dem Ausdruck »ein Fleisch werden« gemeint? Ist Ein-Fleisch-Werden dasselbe wie verheiratet sein?

9. Welche Rollen hat Gott dem Ehemann und der Ehefrau innerhalb der Ehe zugewiesen (Eph. 5,22-33)?

10. Erklären Sie den Begriff der Unterordnung in der Ehe. Legt der Begriff Unterordnung die Vorstellung der Unterlegenheit nahe? Warum? Warum nicht?

11. Warum ist ein klares Verhältnis von Ehe, so wie Gott sie vorgesehen hat, ein Abschreckungsmittel für Scheidung?

12. Wie läßt sich Gottes Plan von Ehe mit Ihrer Vorstellung von Ehe vergleichen? Wenn Sie verheiratet sind: welche Wahrheit aus diesem Kapitel wollen Sie anwenden, um Ihre eigene Ehe stärker zu machen?

II. Die Lehre Moses

Mose berichtet in 1. Mose 2,23-24, daß Gottes ursprünglicher Plan einen Mann mit einer Frau für das Leben vorsah (vgl. Matth. 19,6). Doch wegen des Sündenfalls (1. Mose 3) ist der Mensch Gottes Plan nicht immer gefolgt. In der Zeit vor Mose entließen Männer ihre Frauen in einer Art »mündlichen« Scheidung. Das war unter den heidnischen Nationen so üblich. Wenn ein Ehemann etwas an seiner Frau fand, das ihm mißfiel, so konnte er ganz einfach in Gegenwart von Zeugen sagen: »Ich entlasse meine Frau« oder seiner Frau erklären: »Du bist nicht mehr länger meine Frau«. Die Scheidung war endgültig, und die abgewiesene Frau hatte keinen, an den sie sich hätte wenden können und mußte ihr Zuhause verlassen. Sie hatte keinerlei Ansprüche an das Eigentum ihres Mannes. Nur ihr Gewand — die Kleider auf ihrem Rücken — konnte sie mitnehmen. Aus diesem Grund wurden Münzen an ihrer Kopfbedeckung, Ringe und Juwelen eine bedeutende finanzielle Versorgungs-Quelle für die geschiedene Frau.

Das Problem, dem Mose gegenüberstand, waren fehlende Scheidungsordnungen. Männer entließen ihre Frauen wegen eines Wochenendabenteuers und holten sie wieder zurück, wenn sich die schmutzige Wäsche stapelte oder das Haus des Reinemachens bedurfte! Angesichts dieser Verhältnisse gab Mose Gottes Regelung weiter, so wie sie in 5. Mose 24,1-4 niedergelegt ist. Es ist äußerst wichtig zu verstehen, daß diese Stelle die Scheidung nicht institutionalisierte! Scheidung ist etwas, was der Mensch gemacht hat, nicht etwas, was Gott so gewollt hat. Sie spiegelt die sündhafte Abweisung des ursprünglichen, göttlichen Plans für die Ehe seitens des Menschen wider. 5. Mose 24 setzt die Scheidung nicht ein, sondern behandelt sie als eine schon existierende und schon bekannte Praxis. Die göttliche, durch Mose gegebene Gesetzgebung wurde ersonnen, um die abgewiesene Frau zu schützen und ihr einen gewissen Schutz zu gewähren:

1.) den Besitz einer Scheidungsurkunde,
2.) der Erlaß weiterer häuslicher Verpflichtungen, und
3.) die Freiheit vor Einmischung ihres früheren Mannes im Fall einer nachfolgenden Ehe.

Grammatisch gesehen spezifizieren die Verse 1-3 die Bedingungen für die Ausführung der speziellen Regelungen des Vers 4. **Wenn** das die Situation ist (Verse 1-3), **dann** muß dieses Gesetz befolgt werden. Es spricht in besonderer Weise vom Fall der Wiederheirat nach einer zweiten Ehe, aber die beiläufige Information, die über Ehe und Scheidung in den Versen 1-3 gegeben wird, ist für unser Verständnis dessen, was Mose verlangte, sehr bedeutsam.

Die Gründe für Scheidung (5. Mose 24,1a).

»Wenn ein Mann ein Weib nimmt und sie ehelicht, und es geschieht, wenn sie keine Gnade in seinen Augen findet, weil er etwas Schamwürdiges an ihr gefunden hat...«

Wenn die Frau eines verheirateten Mannes seine Gunst verliert wegen etwas Schamwürdigem, ist es dem Ehemann stillschweigend erlaubt, seine Frau zu entlassen. Man beachte, daß die Scheidung nicht angeordnet oder sogar dazu ermutigt wird, sondern einfach **gestattet** war.

Die genaue Bedeutung der Aussage »etwas Schamwürdiges« (wörtlich »Nacktheit einer Sache« oder »nackte Angelegenheit«) ist nicht klar, und somit wurde dieser Ausdruck zum Streitpunkt rabbinischer Debatten über die Scheidung. Vielleicht bezieht sich dieser Ausdruck auf einen körperlichen Defekt, so zum Beispiel auf die Unfähigkeit, Kinder zu gebären. Es ist jedoch wahrscheinlicher, daß er damit eine schändliche und abstoßende Handlung meint wie z.B. eine Unanständigkeit, auf die 5. Mose 23,13 Bezug nimmt, wo der gleiche Ausdruck als Euphemismus[1] für Kot verwendet wird.

Im Alten Testament gibt es verschiedene Umstände, bei denen eine Scheidung nicht gewährt wird. Im Fall des Ehebruchs wurde keine Scheidung zugelassen, denn Ehebruch wurde mit dem Tode bestraft (3. Mose 20,10; 5. Mose 22,22-24). Die Scheidung wurde einem Mann nicht zugestanden, der seine Frau vor der Ehe in Besitz nahm, was moralische Verunreinigung bedeutete. Desgleichen wurde die Scheidung auch in dem Fall nicht gewährt, wen ein Mann seine Frau fälschlicherweise anklagte, keine Jungfrau zu sein (5. Mose 22,13-19).

---

[1] Euphemismus : beschönigender Ausdruck (Anmerk. d. Übersetzers).

Offensichtlich wurde Scheidung jedoch gewährt im Fall einer unanständigen und schamwürdigen Handlung außer illegalem Geschlechtsverkehr.

Der Scheidungsvorgang (5. Mose 24,1b)

»...daß er ihr einen Scheidebrief schreibt und ihn in ihre Hand gibt und sie aus seinem Hause entläßt«...

Mose verlangte, daß ein Mann, wenn er sich entschieden hatte, sich von seiner Frau zu trennen, einen Scheidebrief zu schreiben und ihn ihr persönlich aushändigen soll. Die wesentlichen Worte dieses Dokumentes sind: »Siehe, du bist frei, einen anderen Mann zu heiraten«. Eine unter den Juden der Diaspora allgemein sich im Umlauf befindender Scheidebrief läßt an das Gesetzesdokument denken, das Mose verlangte:

»Am ... Tag der Woche, am ... Tag des Monats ..., im Jahr ... seit der Erschaffung der Welt, in der Stadt ..., ich, der Sohn des ..., erkläre bereitwillig, unter keinem Zwang stehend, meine Frau, ..., Tochter des ..., die bisher meine Frau gewesen ist, zu entlassen und freizugeben. Somit gebe ich dich frei, entlasse ich dich, so daß du die Erlaubnis und die Vollmacht über dich selbst erhältst, zu gehen und den Mann zu heiraten, den du begehrst. Keine Person darf dich daran hindern von jetzt an, und du hast die Erlaubnis, irgendeinen Mann zu nehmen. Dies soll für dich ein Scheidebrief von mir sein, eine Entlaßurkunde, ein Dokument der Freiheit, in Übereinstimmung mit den Gesetzen Moses und Israels.

... der Sohn des ..., Zeuge
... der Sohn des ..., Zeuge

Der Scheidebrief war eingesetzt, um die Rechte der entlassenen Frau zu schützen, indem er sie von weiteren Verantwortlichkeiten ihrem Manne gegenüber entband. Darüberhinaus schützte das Scheidungsdokument vor jeder Einmischung des früheren Ehemannes im Fall einer folgenden Heirat. Dieses Gesetz kontrollierte in den Tagen Moses ganz unzweifelhaft über die üppig wuchernden Scheidungen. Schon allein das Ausstellen einer Scheidungsurkunde und die dann folgende Aushändigung an die Frau trug dazu bei, daß der Ehemann rasch und aus Zorn heraus handeln konnte.

Der Ablauf der Scheidung, so wie er von Mose verlangt wurde, entmutigte eher, als daß er ermutigte. Mose hat die Scheidung nicht befohlen, er hat sie einfach nur zugelassen. Allerdings verlangte er etwas, und das war die Ausstellung einer Scheidungsurkunde. Der Herr Jesus erklärt in Matth. 19,8 und Markus 10,5, daß die Erlaubnis zur Scheidung seitens Moses der Verhärtung der Herzen des Volkes Israel zuzuschreiben sei. Ihre Herzen waren wegen ihrer sündhaften Zurückweisung der ursprünglichen Pläne Gottes für die Ehe verhärtet (Mark. 10,9; 1. Mose 2,24).

Das Verbot der Wiederverheiratung (5. Mose 24,2-4)

»und sie geht aus seinem Hause und geht hin und wird das Weib eines anderen Mannes; und der andere Mann haßt sie und schreibt ihr einen Scheidebrief und gibt ihn in ihre Hand und entläßt sie aus seinem Hause; oder wenn der andere Mann stirbt, der sie sich zum Weib genommen hat: so kann ihr erster Mann, der sie entlassen hat, sie nicht wiederum nehmen, daß sie sein Weib sei, nachdem sie verunreinigt worden ist; denn das ist ein Greuel vor Jahwe; und du sollst nicht das Land sündigen machen, welches Jahwe, dein Gott, dir als Erbteil gibt«.

Der Hauptpunkt dieser Gesetzgebung betrifft einen besonderen Fall der Wiederverheiratung. Mose sagt hier, daß ein Mann seine frühere Frau nicht wieder heiraten darf, wenn sie in der Zwischenzeit eines anderen Mannes Frau geworden ist (Vers 4). Selbst wenn ihr zweiter Ehemann sie entlassen hat oder selbst sterben sollte, darf sie nicht zu ihrem ersten Manne zurückkehren. Dies zu tun wird als Greuel vor dem Herrn angesehen und eine Verunreinigung über das Land bringen. Diese Einschränkung scheint ein Mittel dagegen zu sein, daß die Scheidung eine »legale« Form des Ehebruchs werden kann. Das Verbot der Wiederheirat der gleichen Frau übt unzweifelhaft einen mäßigenden Einfluß auf die Scheidung aus.

Schlußfolgerung

Demnach hat Mose die Scheidung nicht institutionalisiert, sondern anerkannt, daß sie Praxis war. Er hat versucht, das in Schranken zu halten, was Gottes ursprünglicher Absicht mit der Ehe und Heirat widersprach. Man muß zugeben, daß Scheidung auch weiterhin existierte, doch wurde sie nie als eine glückliche Sache empfunden. Das Los einer Geschiedenen war nicht erfreulich (vgl. Jesaja 54,6). Sie war frei, wieder zu heiraten, nicht jedoch einen Priester (3. Mose 21,7), was andeutet, daß eine Frau mit dem sozialen und moralischen Stigma einer Geschiedenen versehen war. Allgemein war es so, daß eine entlassene Frau in ihr Haus zurückkehrte (3. Mose 22,13). Wenn sie sich nun doch wieder verheiratete, wurde ihr niemals mehr gestattet, in das Haus ihres früheren Ehemannes zurückzukehren. 5. Mose 24, 1-4 zeigt an, daß im Fall einer Scheidung während der alttestamentlichen Zeit, ein Scheidebrief ausgehändigt werden mußte, der die entlassene Frau nach einer Heirat mit einem anderen Mann schützen sollte. All das kann Gottes ursprünglichen Plan für die Ehe nicht abändern, nämlich daß ein Mann lebenslang eine Frau haben solle (1. Mose 2,24). Der Scheidebrief sieht einfach einen Schutz für die entlassene Frau vor, wenn Gottes ursprünglicher Plan für die Ehe verletzt wurde.

Fragen

1. Welcher Situation stand Mose gegenüber, die dann zu der Gesetzgebung von 5. Mose 24,1-4 führte?
2. Erkläre die sprachliche Struktur von 5. Mose 24,1-4. In welcher Weise hilft uns dies zu klären, was die wesentliche Botschaft dieser Textaussage ist?
3. Wann wurde Scheidung von Mose gestattet? Unter welchen Umständen wurde Scheidung nicht erlaubt?
4. Wie wirkte die Forderung, einen Scheidebrief zu schreiben?
5. Was würde man als Hauptpunkt der Gesetzgebung von 5. Mose 24,1-4 angeben?
6. Warum wurde die Wiederheirat des früheren Ehemannes nach einer zweiten Ehe verboten?
7. Welches Licht wirft Matth. 19,8 und Markus 10,5 auf die mosaische Duldung der Scheidung?

III. Die Lehre Esras

Was würde man einem Ehepaar in der folgenden Ehesituation raten, die rein theoretischer Natur ist? Michael und Susanne trafen sich während des Studiums und heirateten, als sie noch ungläubig waren. Später schloß sich Susanne einem Bibelkreis an und nahm schließlich den Herrn Jesus als Retter an. Als sie in ihrem Glauben mehr und mehr wuchs, wurde sie vom Verhalten ihres Ehemannes immer stärker abgestoßen — Trinken, Rauchen und Fluchen. Sie versuchte recht tapfer, Michael zu Christus zu führen, aber nach Verlauf von einigen Jahren wurde er des »Anpredigens« überdrüssig und lehnte es ab, die Fragen des christlichen Glaubens noch weiter zu diskutieren. Susanne wünschte sehr, einen gläubigen Ehemann zu haben — einer, der die geistliche Führung zuhause übernehmen würde. Was sollte sie tun? Es verlangte sie schon danach, einen Ehemann zu haben, der mit ihr beten, die Bibel lesen und mit ihr in die Stunden gehen würde. Als sie die ihr zur Verfügung stehenden Möglichkeiten durchdacht hatte, bezog Susanne die Scheidung in die engere Überlegung mit ein. Ein Freund meinte, daß dies Gottes Wille sei, da Michael ja ungläubig sei, und Gott Israel geboten hatte, sich von den ungläubigen Kanaanitern zu trennen. Was würden Sie sagen? Gibt es im Alten Testament einen Präzedenzfall für einen solchen Fall? Manche Leute meinen, daß Esra 9 und 10 eine Scheidung als brauchbare Lösung für den mit einem ungläubigen Partner Verheirateten nahelege. Ein Studium der Bibelstelle ist deshalb hier angebracht.

Der geschichtliche Hintergrund von Esra 9 und 10
Der Erlaß des persischen Königs Artaxerxes (464-424 v. Chr.) erlaubte es einer kleinen Gruppe von jüdischen Verbannten unter der Führung Esras im Jahre 458 v. Chr. von Babel nach Jerusalem zurückzukehren. Wie schon vom Propheten Jeremia (Jer. 25,11-12; 29,10) vorhergesagt, hatte das südliche Königreich von Juda 70 Jahre in der babylonischen Gefangenschaft verbracht, weil die Menschen dem Bund mit Gott nicht gehorsam gewesen waren (vgl. 5. Mose 28, 41.63.64; 2. Chron. 36,20-21).
Unter dem Edikt des Königs Kyros (538-530 v. Chr.) war die Zeit der Wiederherstellung in vollem Gange (2. Chron. 36,22-23). Im

Jahre 537 v. Chr. kehrten 49.897 Juden nach Jerusalem zurück, um den Tempel wieder aufzubauen (Esra 2). Während der Tempel wieder aufgebaut worden war, wurde der Opferdienst vernachlässigt. Die Rückkehr Esras führte zur Wiederherstellung des Gottesdienstes im wiederaufgebauten Tempel (Esra 7,14-20).

Esra, der Schreiber und Führer der zweiten Rückkehr war ungefähr 4 1/2 Monate in Jerusalem gewesen, als die Vertreter der Stadt ihm eine Frage von größerem Interesse unterbreiteten. Viele der Juden, die kürzlich aus Babylon zurückgekehrt waren, hatten ungläubige Heiden geheiratet, die im Land Juda lebten. Esra wurde ganz einfach mit der Realität von Mischehen aus gläubigen Juden und heidnischen Völkern konfrontiert. Was sollte er tun?

Das Problem der Mischehen (Esra 9)

»Das Volk Israel und die Priester und die Leviten haben sich nicht von den Völkern der Länder, nach deren Greueln, abgesondert, nämlich der Kanaaniter, der Hethiter, der Perisiter, der Jebusiter, der Ammoniter, der Moabiter, der Ägypter und Amoriter; denn sie haben von ihren Töchtern für sich und für ihre Söhne genommen, und so hat sich der heilige Same mit den Völkern der Länder vermischt; und die Hand der Obersten und der Vorsteher ist in dieser Treulosigkeit die erste gewesen« (Esra 9,1-2).

Die Bürgervertreter, die Esra über das Scheitern der Juden, sich von den Heiden getrennt zu halten, informierten, wiesen ganz einfach darauf hin, daß nicht nur einige Normalbürger schuldig geworden seien, sondern daß vielmehr die Führer des Volkes die Hauptübertreter in dieser Angelegenheit geworden waren. Esra wußte, daß Mischehen von Juden mit Ausländerinnen durch das mosaische Gesetz wegen der verheerenden Folgen solcher Praxis ausdrücklich verboten waren. Die Ehe mit einem ungläubigen Heiden führte fast unvermeidlich zur Anbetung heidnischer Götter (5. Mose 7,1-4; Maleachi 2,11).

Diese Sünde hatte Israel während der Zeit der Richter geplagt (Richter 3,5-6). Sogar Salomo, mit all seiner Weisheit, war der Versuchung erlegen, fremde Frauen zu heiraten. Die Folge davon war, daß seine Frauen sein Herz anderen Göttern zuwandten (1. Kön. 11,1-8). Esra verstand wohl, daß die Juden der Wiederherstellungsperiode sehr bald ihre nationale Identität verlieren und in Götzendienste verfallen würden, wenn sie weiterhin Mischehen mit Ausländern eingingen. Die Leute aus Juda standen kurz davor, dasselbe noch einmal zu machen, was damals zur babylonischen Gefangenschaft geführt hatte! Esra reagierte schnell auf diese Krise. Aus höchster Besorgnis über die Lage nahm er eine Haltung an, die ansonsten nur bei Trauernden üblich war (Esra 9,3-4; vgl. 3. Mose 10,6; Hiob 1,20; Hesekiel 7,18).

Zur Zeit des Abendopfers — zwischen 14.30 Uhr und 15.30 Uhr — erhob sich Esra von seiner Demütigung, um für sein Volk priesterlich zu beten. Er bekannte seine Scham und Mitschuld (Esra 9,5-6), und Israels große Schuld (Esra 9,7-15). Esra bot Gott keine Entschuldigungen an. Er bestätigte nur Gottes Gerechtigkeit im Gegensatz zu Israels Schuld und gestand ein, daß das Volk außer göttlichem Gericht nichts zu erwarten hatte (Esra 9,14-15).

Das Aufgeben der Mischehen (Esra 10)

>»Und Schekanja, der Sohn Jechiels, von den Söhnen Elams, hob an und sprach zu Esra: Wir haben treulos gehandelt gegen unseren Gott und haben fremde Frauen aus den Völkern des Landes heimgeführt; nun aber ist noch Hoffnung für Israel betreffs dieser Sache. So laßt uns jetzt einen Bund machen mit Gott, daß wir alle Frauen und die von ihnen geboren sind hinaustun, nach dem Rate meines Herrn und derer, die da zittern vor dem Gebot Gottes; und es soll nach dem Gesetz gehandelt werden (Esra 10,2-3).

Esras Gebet demonstriert recht dramatisch seine Sorge wegen der sündigen Situation des Volkes, was dann schließlich dazu führte, daß die Herzen der Menschen geändert wurden. Während Esra noch im Tempelhof betete, versammelte sich eine Menge reumütiger Menschen zu ihm (Esra 10,1). Obwohl er selbst zu den Übertretern gehörte, die fremde Frauen geheiratet hatten, vertrat Schekanja gerade diese Gruppe. Er bekannte die Sünde des Volkes und schlug eine Lösung des Problems vor (Esra 10,2-3). Er empfahl, daß sich die Leute vertraglich verpflichten sollten, ihre ausländischen Frauen aufzugeben. Der Begriff »hinaustun« (V. 3) beinhaltet eher eine freiwillige Scheidung als eine gesetzlich angeordnete Trennung, denn in 5. Mose 24,2 wird das gleiche Wort verwendet, wobei der Kontext eindeutig die Scheidung meint. Die Scheidungen würden »entsprechend den gesetzlichen Bestimmungen« durchgeführt werden, ein wahrscheinlicher Hinweis auf die Erfordernisse nach 5. Mose 24,1-4, wonach die entlassene Frau mit einem Scheidebrief zu versehen war.

Gemäß diesem Vorschlag erließ Esra für die aus der Verbannung Zurückgekehrten eine Proklamation, sich in Jerusalem einzufinden. Dort nannte er ihre Sünde im Detail, verlangte ein Bekenntnis und ordnete an, daß sich die Gesetzesübertreter von den fremden Frauen trennten (Esra 10,10-11). Die Leute gaben ihrer Zustimmung unmittelbar Ausdruck (Esra 10,12). Nur vier Männer widersetzten sich dem Vorschlag, wie es in den Versen 12-14 ausgeführt wird, aber ihre Meinung wurde nicht die vorherrschende (Esra 10,15). Um Schekanjas Plan zu ermöglichen, wurden Richter ernannt, die durch das Land ziehen und die Scheidungsabläufe individuell handhaben sollten (Esra 10,13-15). Nach dreimonatiger Untersuchung wurde festgestellt, daß 17 Priester, 10 Leviten und 86 Männer schuldig geworden waren. 113 Juden waren also in diesen Fall verwickelt. Während diese Zahl, gemessen an unserer Erwartung, nicht besonders hoch war, war die Lage doch recht alarmierend, da 25% der Gesetzesübertreter religiöse Führer waren. Jeder dieser Männer tat seine fremde Frau hinaus und opferte einen Widder als Schuldopfer entsprechend der Gesetzesvorgabe von 3. Mose 6,4 und 6 (vgl. Esra 10,19). Gott hatte Esra gebraucht, um Israels nationale Identität und religiöse Reinheit zumindest für eine weitere Generation zu sichern.

Das Problem taucht wieder auf (Nehemia 13)

»Auch besuchte ich in jenen Tagen die Juden, welche asdoditische, ammonitische und moabitische Frauen heimgeführt hatten. Und die Hälfte ihrer Kinder redete asdoditisch und wußte nicht jüdisch zu reden, sondern redete nach der Sprache des einen oder des anderen Volkes« (Nehemia 13,23-24). Unglücklicherweise dauerte die Versuchung Mischehen einzugehen an und lag als Last auf der wiederhergestellten Gemeinschaft. Später mußte sich Nehemia, der vom König Artasasta im Jahre 444 v. Chr. zum Gouverneur von Juda ernannt worden war, erneut mit diesem Problem befassen. Obwohl sich die Leute verpflichtet hatten, ihre Töchter nicht den Männern des Landes zu geben oder heidnische Frauen für ihre jüdischen Söhne zu nehmen (Neh. 10,30), wurden sie dennoch wieder untreu. Es war wahrscheinlich während Nehemias Abwesenheit zwischen seiner ersten und zweiten Regierungszeit (Neh. 13,6), daß das Volk den Zehnten und die Sabbatgesetze zu mißachten begann (Neh. 13,4-23) und sich wieder auf Mischehen mit Heiden einließ (Neh. 13,23).

Viele Juden heirateten heidnische Frauen aus den umliegenden Gegenden, wobei sie dem Beispiel des Sohnes des Hohenpriesters folgten, der die Tochter Sanballats, des Horoniters, heiratete (Neh. 13,28). Dies beschwor eine nationale Krise herauf, denn die Kinder dieser gemischten Sprachen hatten das Hebräische nicht gelernt. Nicht nur die Reinheit der jüdischen Rasse war bedroht, sondern die hebräische Sprache stand in Gefahr, in Vergessenheit zu geraten.

Nehemia ergriff energische Maßnahmen gegen die Übertreter; er ließ sie schwören, den Mischehen zu entsagen. Er warnte sie vor den verheerenden Folgen solcher Taten, indem er ihnen das Beispiel aus dem Leben Salomos vor Augen führte (Neh. 13,25-27). Nehemia jagte sogar den Sohn des Eljaschib, des Hohenpriesters davon. Er wurde offensichtlich aus dem Priesteramt vertrieben, weil die priesterliche Linie nicht durch eine Mischehe verunreinigt werden sollte (vgl. 3. Mose 21, 6-8; 14-15).

In dieser Stelle wird nichts ausdrücklich über die Scheidung ausgesagt; es könnte aber aus Nehemias Zeugnis geschlossen werden: »Und so reinigte ich sie von allem Fremden/allen Fremden« (Neh. 13,30). Vielleicht wurde dies durch die in Esra 10 beschriebenen Vorgänge vollendet.

Schlußfolgerung und Anwendung

Wie nun verhält sich Esra 9 und 10 zu der Frage von Scheidung und Wiederheirat? Diese Schriftstelle berichtet über eine einzigartige Situation, in der eine Scheidung vorkam und tatsächlich angeordnet wurde, als abtrünnige Juden heidnische Götzendiener heirateten. Solche Ehen verletzten das Verbot aus 5. Mose 7,1-4. Die Situation konnte nur durch Trennung gebessert werden. Dies war selbst ein einzigartiger Versuch seitens der Führer der wiederhergestellten Gemeinschaft, die messianische Linie rein und den hebräischen Glauben unbefleckt zu erhalten, was sonst bei Mischehen mit götzendienerischen Heiden nicht der Fall gewesen wäre. Während nun eine solche Trennung als hart erscheinen mag, und ohne Zweifel auch Unzufriedenheit verursachte, insbesondere für

Familien mit Kindern (vgl. Esra 10,44), würde die Fortsetzung der Ehen unzweifelhaft im Götzendienst geendet haben. Das hinwiederum würde zur Zerstörung der gerade erst wiederhergestellten Nation geführt haben (5. Mose 7,3-4). Mit einem Wort, Scheidung war die einzige Alternative.

A.E. Cundall, Lektor für alttestamentarische Studien am Londoner Bible-College, gibt dazu folgenden, hilfreichen Kommentar:

> »Die Unzufriedenheit und Traurigkeit, die durch diese zerbrochenen Familien verursacht wurden, dürfen nicht nur gegenüber der ursprünglichen Gesetzesübertretung gesehen werden, die solche Eheverträge in sich einschlossen, sondern auch gegenüber dem letztendlichen Segen für eine ganze Welt, der nur durch eine gereinigte Gemeinschaft kommen konnte.«

Die von Esra und später Nehemia durchgeführte Maßnahme war in dieser schwierigen Situation notwendig, um die Nation als solche zu erhalten.

Wie läßt sich nun dieser einzigartige Vorfall, der im Alten Testament berichtet wird, auf das Dilemma von Susanne beziehen, die dabei ist, sich von Michael, ihrem nichtchristlichen Ehemann zu trennen? Gibt die von Esra durchgeführte Maßnahme einen Präzedenzfall ab, dem sich neutestamentlich Gläubige anschließen sollten? Es sind drei Beobachtungen, die mich zu folgendem Schluß geführt haben, nämlich nicht zu versuchen, diesen einzigartigen, im Alten Testament berichteten Vorfall auf moderne Ehen zu übertragen:

1) Esra war es darum zu tun, das jüdische Volk als eine separate und von anderen deutlich abgegrenzte Nation zu erhalten, denn es war ja Israel, aus dem der Messias kommen würde (1. Mose 49,10; 4. Mose 24,17; Micha 5,2), und durch Israel würden die heidnischen Völker gesegnet werden (1. Mose 12,3). Während nun Gottes Sorge während der Zeit des Alten Testaments der Erhaltung Israels als einer abgegrenzten Nation galt, scheint Gott nicht in ähnlicher Weise um die rassische und völkische Reinerhaltung heidnischer Nationen während des Zeitalters der Gnade besorgt zu sein (vgl. Gal. 3,28). Die Fakten, die eine Scheidung in Esra 9 und 10 und möglicherweise in Nehemia 13 begründeten, begrenzen diese auf die spezifischen Bedingungen und den Rahmen der Wiederherstellungsperiode des Volkes Israel.

2) Während der alttestamentlichen Zeit sehen wir, daß Mischehen zum Götzendienst führten (5.Mose 7,3-4). Götzendienst zog Gericht nach sich, möglicherweise sogar Verbannung aus dem Land (5. Mose 28, 41. 63. 64). Solche Konsequenzen werden im Falle einer Mischehe aus einem Christen und einem Ungläubigen nicht festgestellt. Während der Apostel Paulus die Gläubigen davor warnt, engste Verbindungen mit Nichtgläubigen einzugehen (2. Kor. 6,14-18), stellt er deutlich heraus, daß in dem Fall einer Ehe, in der sich von den Partnern einer bekehrt, der noch ungläubige Ehepartner durch den jetzt bekehrten Partner geheiligt ist (1. Kor. 7,14). Die Gegenwart eines Gläubigen in der Familie stellt diese unter einen christlichen Einfluß und hebt sie ab und zwar so, wie es sonst nicht der Fall sein würde.

3) Jeder Versuch, die in Esra 9 - 10 beschriebene einzigartige Situation auf moderne Ehen anzuwenden, nämlich daß ein Christ seinen ungläubigen Ehepartner verlassen solle, würde der klaren Lehre des Apostels in 1. Kor. 7,12-13 widersprechen:

>Wenn ein Bruder eine ungläubige Frau hat, und sie willigt ein bei ihm zu wohnen, so entlasse er sie nicht. Und eine Frau, die einen ungläubigen Mann hat, und er willigt ein, bei ihr zu wohnen, so entlasse sie den Mann nicht<.

Paulus möchte nicht, daß Gläubige einfach ihre Ehe mit ungläubigen Partnern auflösen!

Es ist interessant zu bemerken, daß in Esra 10 nichts über die Wiederverheiratung derjenigen gesagt wird, die sich von ihren Frauen haben scheiden lassen. Man kann annehmen, daß sich heidnische Frauen wieder verheirateten (vgl. 5. Mose 24,1-4); vielleicht taten jüdische Männer dasselbe. Doch wäre es sicher nicht klug, daraus ein Prinzip abzuleiten, zumal sich die Heilige Schrift darüber ausschweigt. Die Scheidung heidnischer Frauen von ihren jüdischen Ehemännern wird weder stillschweigend geduldet noch verdammt in dieser einzigartigen Situation der wiederhergestellten jüdischen Gemeinschaft. Sie wurde aber offensichtlich erforderlich wegen der verheerenden Folgen von fortdauernden Mischehen.

Fragen

1. Welcher Sünde waren die Juden der wiederhergestellten Gemeinschaft in der Zeit Esras erlegen (Esra 9,1-2)?

2. Welche Folgen der Mischehen mit Heiden wurden von Gott in 5. Mose 7,1-4 vorhergesagt? Wie haben sich diese Folgen in Israels Geschichte erfüllt (Richter 3,5-6; 1. Kön. 11,1-8)?

3. Skizziere Schekanjas Plan mit dem Problem der Mischehen fertig zu werden (Esra 10,2-4). Schlug er Scheidung oder Trennung vor?

4. Glauben Sie, daß der Herr Schekanja benutzte, um Esra zu führen im Blick auf die Mischehen? Warum? Warum nicht?

5. Obwohl die Zahl der Übertreter klein war, wurde Esra mit der alarmierenden Lage konfrontiert. Was weist darauf hin?

6. Die Versuchung der Mischehen plagte die Juden nach der Wiederherstellung des Staates fortwährend. Welche Maßnahmen ergriff Nehemia gegen die Gesetzesübertreter (Neh. 13,25-28)?

7. Was bewegte Esra und Nehemia dazu, solch entschiedene Maßnahmen gegen die Mischehen während der Wiederherstellungsperiode zu ergreifen?

8. Warum würde es falsch sein, Esra 9 - 10 auf moderne Ehen anzuwenden und vorzuschlagen, daß ein Christ sich von einem ungläubigen Ehepartner scheiden lassen solle (1. Kor. 7,12-13)?

IV. Die Lehre Maleachis

Kathy ist eine junge Mutter und eine geschiedene Frau. Sie hatte geheiratet, als sie noch ungläubig war. Als ihr Mann sie aber verließ, suchte sie Hilfe bei einem Prediger der örtlichen Gemeinde. Durch seinen Rat wurde Kathy dazu geführt, Christus als ihrem Retter zu vertrauen. Sie braucht niemanden, der ihr sagt, daß Scheidung falsch ist. Sie weiß, daß Scheidung eine Verletzung der Ehe nach Gottes Plan ist. Ihre katholische Vergangenheit und ihre persönliche Erfahrung haben dazu gedient, diese Sicht zu verstärken.

Kathys Hauptproblem ist weniger, daß sie die Scheidung akzeptiert, sondern daß sie sich selbst akzeptiert. Vor einiger Zeit hörte sie einen Radiosprecher mit Eifer erklären, daß »Gott Scheidung haßt«. Daraus folgerte sie, daß Gott dann auch die Geschiedenen hassen müsse. Sie fühlte sich unter anderen Gläubigen unwohl, die von ihrer Scheidung wissen, besonders unter denen, die glücklich verheiratete Ehepaare sind. Es fällt ihr sogar schwer, zu Gott zu beten!

Was würden Sie Kathy raten? Haßt Gott wirklich Scheidung? Was ist Gottes Haltung gegenüber Geschiedenen? Wie sollte Gottes Einstellung geschiedenen Leuten gegenüber im Leben der Gläubigem widergespiegelt werden? Maleachi 2,10-16 handelt von diesen Fragen und mit ihnen verwandten Problemen.

Der historische Hintergrund von Maleachi

Zwischen der ersten und zweiten Regierungszeit Nehemias in Jerusalem, ungefähr um 432-431 v. Chr., ließ Gott den Propheten Maleachi aufstehen, um seine Stimme gegen die geistliche Verderbtheit zu erheben, in die das Volk verfallen war. Maleachi, dessen Name »Bote des Herrn« bedeutet, stellte die Gründe für den geistlichen Niedergang deutlich heraus und legte ebenso die Bedingungen dar, unter denen das jüdische Volk zur Gemeinschaft mit Gott zurückgeführt werden konnte. Der Prophet verkündigte, daß »Buße eine Vorbedingung für Segen« sei (Mal. 3, 7.10-12). Als Nehemia vom Besuch des persischen Königs Artasasta zurückgekehrt war (Neh. 13,6), begann er die Reform und korrigierte die Mißbräuche, die Maleachi getadelt hatte (Neh. 13,4-31). Über ihre Heuchelei (Mal. 2,17) und die Vernachlässigung des

Zehnten (Mal. 3,7-9) hinaus, waren die Leute von Jerusalem in den Skandal der Mischehen und Scheidungen verwickelt (Mal. 2,10-16). Diese Problematik war schon einmal von Esra (Esra 10) und Nehemia während seiner ersten Regierungszeit behandelt worden (Neh. 10,30); doch die schlimme Sünde war erneut aufgetreten.

Die Sünde der Mischehe (Mal. 2,10-12)

»Haben wir nicht alle einen Vater? Hat nicht ein Gott uns geschaffen? Warum handeln wir treulos einer gegen den andern, indem wir den Bund unserer Väter entweihen? Juda hat treulos gehandelt, und ein Greuel ist verübt worden in Israel und in Jerusalem; denn Juda hat das Heiligtum Jahwes entweiht, welches er liebte, und ist mit der Tochter eines fremden Gottes vermählt. Jahwe wird den Mann, der solches tut, den wachenden und den, der einen Laut von sich gibt, und den, welcher Jahwe der Heerscharen eine Opfergabe darbringt, aus den Zelten Jakobs ausrotten«.

Das mosaische Gesetz verbot ganz spezifisch alle Ehen mit Heiden, um gegen Götzendienst gesichert zu sein (2. Mose 34,14-16; 5. Mose 7,1-4). Die Juden vergaßen die schlimmen Folgen solcher Praxis und ließen sich erneut auf Mischehen ein.

Maleachi beginnt in Vers 10 mit dem Argument, daß, da Gott Israels Vater sei und sie seine Kinder (2. Mose 4,22), brüderliche Liebe gezeigt und die Familientreue aufrecht erhalten werden solle. Wie die Dinge nun standen, hatten die Juden treulos gegeneinander gehandelt, indem sie ihre jüdischen Frauen entließen, um heidnische, götzendienerische Frauen zu heiraten. Der Ausdruck »Tochter eines fremden Gottes« ist bedeutungsgeladen und bezieht sich auf eine Frau, die sich der Verehrung und Anbetung eines heidnischen Gottes geweiht hat. Solche Mischehen, sagt Maleachi, entweihen den Bundesvertrag Gottes mit den Patriarchen, denn sie bedrohen den unverwechselbaren Glauben Israels und seine nationale Existenz. Die Sünde entweihte ebenfalls das Heiligtum (wörtlich »die Heiligkeit« des Herrn) (Mal. 2,11). Was entheiligt oder gemein gemacht wurde, war nicht der Herr selbst, sondern diejenigen, die »heilig« waren wegen ihrer Beziehung zu einem heiligen Gott. Die Bezeichnung »die Heiligkeit des Herrn« ist ein Hinweis auf Gottes auserwähltes Volk (vgl. Jer. 2,3; Esra 9,2), nicht jedoch auf den Tempel.

In Vers 12 ruft Maleachi Gott an, sein Gericht auszuüben über alle, die die Ehebeziehung in dieser Weise entweihen. Der Begriff »ausrotten« bedeutet, daß jemand getötet wird (vgl. 2. Mose 31,14). Die Allgemeingültigkeit dieser göttlichen Vergeltung wird deutlich an dem Ausdruck »den wachenden, und den, der einen Laut von sich gibt«. Nicht einmal die Priester und Leviten, die den Opferdienst im Tempel versahen, waren gegen des Propheten Gebet um Gericht gefeit.

Die Sünde der Scheidung (Mal. 2,13-16)

>»Und zweitens tut ihr dieses: ihr bedecket den Altar Jahwes mit Tränen, mit Weinen und Seufzen, so daß er sich nicht mehr zu eurer Opfergabe wendet, noch Wohlgefälliges aus eurer Hand annimmt. Und ihr sprechet: Warum? Weil Jahwe Zeuge gewesen ist zwischen dir und der Frau deiner Jugend, an welcher du treulos gehandelt hast, da sie doch deine Genossin und die Frau deines Bundes ist. Und hat nicht einer sie gemacht? Und sein war der Überrest des Geistes. Und was wollte der eine? Er suchte einen Samen Gottes. So hütet euch in eurem Geiste und handle nicht treulos gegen die Frau deiner Jugend! Denn ich hasse Entlassung, spricht Jahwe, der Gott Israels; und er bedeckt mit Gewalttat sein Gewand, spricht Jahwe der Heerscharen. So hütet euch in eurem Geiste, daß ihr nicht treulos handelt!«

Wir entdecken in diesem Auszug, daß die Heirat götzendienerischer Frauen seitens israelitischer Männer die Scheidung von jüdischen Frauen miteinschloß. Maleachi, Gottes Bote, tadelt hier ihre Sünde. Nirgendwo sonst in der Bibel wird so viel hinsichtlich des Übels der Scheidung gesagt!

Die Israeliten waren erschüttert darüber, daß Gott ihre Opfer nicht mehr länger annahm (Mal. 2,13). Sie erwarteten tatsächlich, daß ein heiliger Gott die Anbetung von sündigen und unbußfertigen Menschen akzeptierte. Diese Israeliten waren nicht imstande, die Sünde zu erkennen, die Gottes Mißfallen erregte. Die Sünde wird besonders in Vers 14 näher bezeichnet — es ist die Verletzung des Ehebundes mit der Frau der Jugend! Hier erkennen wir, daß Gott die Ehe als eine Bundes- oder Vertragsbeziehung ansieht (vgl. Spr. 2,17)! Die Ehe ist eine Partnerschaft — eine freiwillige Übereinkunft, die die beiden Vertragspartner in einer dauerhaften Beziehung vor Gott zusammenbindet. Das Gesetz des Hammurabi[2] verfügte, daß die Ehe ein Gesetzesvertrag war, der mit den entsprechenden Urkunden besiegelt wurde. Für die Juden jedoch war es ein **Bund**, den der Herr als Zeuge bestätigte (1. Mose 31,50; Spr. 2,17) und der aus diesem Grund als umso bindender galt. Gott bricht keinen Bund (vgl. 3. Mose 26,40-45), und da die Scheidung den Ehebund bricht, der vor Gott geschlossen wurde, trifft diese sicherlich nicht auf Gottes Zustimmung!

Während der Vers 15 recht schwer zu übersetzen und auszulegen ist, ist es Maleachis klare Absicht, die Ehemänner zu ermutigen, ihren ersten Frauen treu zu bleiben. Wenn man der NASB[3] folgt, dann legt sie den Vers so aus, daß er eine Verhütungsmaßnahme hinsichtlich der Scheidung darstellen soll. Wenn man entsprechend auslegt, dann sagt Maleachi, daß keiner der Juden, die geistlich waren (einen Rest Geist hatten) ihre Frauen entlassen hatten, um fremde Frauen zu heiraten. Wenn jemand jedoch den Randnotizen der NASB folgt, dann deuten diese den Vers so, daß er sich auf die ursprüngliche Einrichtung der Ehe bezieht, als Gott zwei Menschen erschuf, die eins werden sollten (1. Mose 2,24) — mit dem spezifischen Auftrag, göttlich gewollten Nachwuchs zu haben. Anders ausgedrückt, während Gott die Schöpfermacht hatte, Adam irgendeine Anzahl von Frauen zu erschaffen, plante Er es jedoch so, daß **eine** Frau sich **einem** Mann anschließen sollte, da Vielweiberei und Ehescheidung wohl nicht dazu beitragen, eine gottgemäße Familie zu gründen. Nicht nur damals war die göttliche Einrichtung der Ehe durch weit um sich greifende Scheidungen bedroht, sondern auch die geistliche Zukunft des jüdischen Volkes war in höchster Gefahr. Wenn nun die Eltern andererseits ihrem Ehegelöbnis treu bleiben, dann werden auch ihre Kinder die Sicherheit und Erziehung genießen, die zum gottgemäßen Leben ermutigten.

Dieser zweite Versuch einer Auslegung des Verses scheint zu der Schlußermahnung, seiner Frau treu zu bleiben, besser zu passen. »So hütet euch in eurem Geiste, und handle nicht treulos gegen die Frau deiner Jugend«! oder handelt nicht treulos, indem ihr

---

[2] Hammurabi — Herrscher von Babylon ca. 1700 v. Chr. (Anm. d. Übersetzers).

[3] NASB — Neue Amerikanische Standard Bibel (Anm. d. Übersetzers).

euch von euren Frauen scheidet. Vielmehr erkennt den unverletz-
lichen Bund, den Ehevertrag und bleibt dem gegenseitig gemach-
ten Versprechen treu, das ihr vor Gott abgelegt habt!

In Vers 16 schließt Maleachi den Gedanken ab, wenn er Gottes
Haltung zur Scheidung ausdrückt: »Denn ich hasse Entlassung,
spricht Jahwe, der Gott Israels«. Man beachte sehr sorgfältig, daß
Gott nicht sagt, daß er den Entlassenen, den Geschiedenen, haßt.
Gläubige sollten denen nicht feindlich begegnen, die eine Ehezer-
störung zu erleiden hatten; sie sollten vielmehr über Christi Haltung der umsorgenden Liebe nachdenken und diese widerspiegeln.
Rufe dir ins Gedächtnis, wie wunderbar gnädig der Herr Jesus mit
der Frau am Jakobsbrunnen umging, die fünfmal verheiratet war
(vgl. Joh. 4,6-26)! Der Herr vergleicht Scheidung in Vers 16 mit
der ein Gewand überdeckenden Gewalt, ein bildlicher Ausdruck
für alle Arten von grober Ungerechtigkeit. Das mag sich auf die
Sitte beziehen, daß man einer Frau ein Gewand überwarf, um sie
so als seine Frau zu beanspruchen (Ruth 3,9; Hesekiel 16,8). Anstatt ihre Kleider als Schutz über ihre Frauen auszubreiten, hatten diese Juden ihre Gewänder mit Gewalt ihren Frauen gegenüber
bedeckt. Als Schlußbemerkung dieses Absatzes wiederholt Maleachi seine Bitte aus Vers 15:

»So hütet euch in eurem Geist, daß ihr nicht treulos handelt.«
Es ist dies das fünfte Mal in sieben Versen, daß Maleachi die Sünde der Scheidung und der Mischehen als Treulosigkeit stempelt!

Schlußfolgerung und Anwendung

Der Prophet Maleachi stellt heraus, daß es im wohlverstandenen
Interesse sowohl der Familie als auch der Gemeinde liegt, wenn
die Ehe nicht durch Scheidung zerstört wird. Es ist dies nicht nur
eine Verletzung von Gottes ursprünglichem Plan für die Ehe, sondern auch eine Verletzung des Ehebundes, dessen Zeuge der Herr
ist! Scheidung ist Treulosigkeit gegen den intimsten Gefährten des
Lebens und eine schwerwiegende Sünde, die Gott haßt!

Das ist die Wahrheit! Die Bibel lehrt, daß Gott Scheidung haßt.
Wie aber kann die Bestätigung dieser Wahrheit der Kathy helfen
und raten? Sie steht ja schon unter der Last der Schuld ihrer Scheidung. Was sollen wir ihr sagen? Die Schlüsselwahrheit, die Kathy
wissen und **erfahren** muß ist, daß Gott, während Er Sünde haßt,
den Sünder liebt. Das wird so klar in Joh. 3,16 gelehrt: »Denn

also hat Gott die Welt geliebt...«. Die »Welt« ist die Welt der Ungläubigen — die Milliarden von verderbten Menschen, die in ihren Sünden verloren sind. Gott hat die Welt so geliebt, daß Er Seinen eingeborenen Sohn, Jesus Christus gab, damit Er am Kreuz sterbend uns verlorene Sünder erlöse.

Die Gleichnisse vom verlorenen Schaf, der verlorenen Drachme und dem verlorenen Sohn in Lukas 15 enthüllen Gottes Haltung zu den Sündern. Die Pharisäer, an die diese Gleichnisse gerichtet waren, dachten, daß Gott die Sünder hasse. Der Herr Jesus aber zeigt uns durch Seine Lehren, daß gerade Sünder die besonderen Gegenstände von Gottes Zuneigung sind. Kathy muß wissen, daß Gott sie annimmt und liebt, so wie sie ist — mit Scheidung und allem! Aber das ist nicht genug. Wir erinnern uns daran, daß ich sagte, daß sie die **Erfahrung** der Wahrheit machen müsse, daß Gott Sünde haßt, den Sünder aber liebt. Das ist die Stelle, in die Du und ich genau hineinpassen. Gläubige, als Botschafter Christi, sollen Seine Haltung der sorgenden Liebe und Annahme derjenigen widerspiegeln, die gegen Gott gesündigt haben. Wir brauchen nicht (und dürfen nicht!) Kompromisse zu machen und Sünde nicht als das bezeichnen, was sie wirklich ist. Wir sollen aber sehr wohl Christi Mitleid zeigen, wenn wir mit solchen zu tun haben, die ein Ehezerwürfnis erlebt haben. So wie Paulus sagt, sollen wir »einander aufnehmen« (Röm. 15,7). Das schließt keine Billigung der Sünde ein, wohl aber die Annahme des Sünders! Warum? Weil Christus uns angenommen hat — und für uns gestorben ist, als wir noch Sünder waren (Röm. 5,8).

Fragen

1. Welches Verhältnis erkennt man zwischen den Diensten des Gouverneurs Nehemia und dem Propheten Maleachi?
2. Welche zwei Sünden tadelt Maleachi in Maleachi 2,10-16?
3. Erkläre die Bedeutung des Ausdrucks »Tochter eines fremden Gottes«. Inwiefern war die gemischte Ehe mit Heiden eine Gefahr für den Glauben der Hebräer (2. Mose 34,14-16; 5. Mose 7,1-4)?
4. Maleachi bezeichnet die Scheidung als eine Verletzung des Ehebundes mit der Frau, die der Mann in der Jugend genommen hatte (Mal. 2,14). Was beinhaltet der Begriff eines Bundesverhältnisses mit Blick auf die Ehe?

5. Erkläre die zwei möglichen Zugänge zu Maleachi 2,15?
6. Welches Wort wird wiederholt in Maleachi 2,10-16 verwendet, das sich auf die Sünde der Scheidung und der Mischehen bezieht?
7. Wie würde man Gottes Haltung zur Scheidung beschreiben, wie sie in Maleachi 2,10-16 enthüllt wird? Welche Unterscheidung sollte zwischen Gottes Haltung zur Sünde und Seiner Haltung zum Sünder getroffen werden?
8. Wie sollte Gottes Haltung zur Scheidung und zu geschiedenen Menschen im Leben von Gläubigen widergespiegelt werden? Mache einige spezifische Vorschläge mit Blick darauf, wie Gläubige Gottes Haltung der Liebe und des Mitleids im Umgang mit Geschiedenen zum Ausdruck bringen können.

V. Die Lehre des Herrn Jesus im Markus- und Lukas-Evangelium

Der Dekan der Fakultät, an der ich lehre, berief eine Kommission, die eine These über die Frage der Scheidung und Wiederheirat erarbeiten sollte, auf die sich die ganze Fakultät einigen könnte. Als die Arbeit am Thema begann, stellte sich bald heraus, daß es eine große Vielfalt von Ansichten unter den Fakultätsmitgliedern gab. Als die Diskussion hitziger wurde, erklärte ich: »Ich habe es! Es gibt eine These, der alle zustimmen werden«. In gespannter Erwartung widmeten mir die Kollegen ihre ungeteilte Aufmerksamkeit. »Diese eine These, der wohl alle ihre Zustimmung nicht versagen werden, ist diese: Scheidung und Wiederheirat sind sehr anstrengende Themen.«

Auch zur Zeit des Herrn Jesus gab es darüber eine Vielfalt von Meinungen. Während es nun einerseits ein recht schwieriges Thema ist, so ist es andererseits doch nicht ein Thema ohne biblische Lösungen. Gott gab uns Seine Offenbarung nicht, um uns zu verwirren und uns zu verschiedensten Schlußfolgerungen in den praktischen Fragen des christlichen Lebens zu führen. Vielmehr ist Sein Wort so beschaffen, daß es uns lehrt, die Sünde tadelt, falsche Ansichten korrigiert und uns in der Gerechtigkeit übt (2. Tim. 3,16). Ich glaube an die Klarheit des Wortes Gottes, daß die Bibel ein klar geschriebenes Buch ist, das von Gott so geplant wurde, daß es von den Menschen verstanden und auf ihr Leben angewendet werden kann. Ich würde Sie nun bitten, die verschiedenen Meinungen der Menschen beiseite zu legen und die Lehre des Herrn Jesus über dieses so bedeutsame Thema der Scheidung und Wiederheirat zu untersuchen.

Die Lehre Jesu Christi ist wirklich grundlegend für jede Erörterung über Scheidung und Wiederheirat, denn Er gibt eine göttliche Perspektive für die alttestamentliche Erlaubnis (5. Mose 24,1-4). Seine Lehre ist ebenfalls die Grundlage für die Belehrung des Apostels Paulus (1. Kor. 7,10-12).

Die die Frage der Scheidung und Wiederheirat betreffende Lehre wird in Markus 10,1-12 und Lukas 16,18 deutlich dargestellt. Was allerdings nicht ganz so klar scheint, ist die Bedeutung der Ausnahme in Matthäus 5,32 und 19,9. Diese Stellen lehren, daß Scheidung und Wiederheirat »außer auf Grund von Hurerei« Ehebruch ist. In der vorliegenden Abhandlung werden wir so verfahren, daß wir das, was klar ist, dasjenige beleuchten lassen, was noch dunkler scheint. Entsprechend werden wir zuerst die Lehre des Herrn Jesus, wie sie in Markus und Lukas festgehalten ist, untersuchen und dann im nächsten Kapitel die einzigartigen Beiträge des Matthäusevangeliums betrachten.

Es ist bedeutsam, gleich am Anfang festzuhalten, daß die zwei Hauptstellen, die die Lehre des Herrn über die Scheidung und Wiederverheiratung enthalten (Matth. 19,1-12 und Markus 10,1-12), beide das gleiche Ereignis berichten. Beide Berichte spielen sich am gleichen Ort ab (Matth. 19,1; Mark. 10,1), beide Berichte haben die gleiche Zuhörerschaft zu vermelden (Matth. 19,3; Mark. 10,2), die gleiche Frage (Matth. 19,3; Mark. 10,2), die gleichen alttestamentlichen Zitate (Matth. 19, 4. 5. 7; Mark. 10, 4.6-8), die gleiche Antwort der Pharisäer (Matth. 19,7; Mark. 10,4), der gleiche, vom Herrn Jesus ausgesprochene Tadel (Matth. 19,13-15; Mark. 10,13-16). Wegen dieser Ähnlichkeiten ist wohl auszuschließen, daß sich Matthäus und Markus auf zwei verschiedene, getrennte Ereignisse beziehen. Doch hat jedes der beiden Evangelien seine je eigenen Beiträge in seinem Bericht über das Zusammentreffen mit den Pharisäern und der Lehre des Herrn Jesus.

Da Markus die Lehre des Herrn detaillierter bringt, wird es um des Zieles dieser Erörterung willen sehr hilfreich sein, die Lehraussagen des Herrn in Markus gründlich zu untersuchen (Mark. 10,1-12) und danach die Einzelaussage in Lukas 16,18 kurz zu betrachten.

Die Frage der Pharisäer Markus 10,1-2)

>»Und er stand auf von dannen und kommt in das Gebiet
>von Judäa und von jenseits des Jordan. Und wiederum
>kommt eine Volksmenge zu ihm zusammen, und wie er ge-
>wohnt war, lehrte er sie wiederum. Und es traten Pharisäer
>herzu und fragten ihn: Ist es einem Manne erlaubt, seine
>Frau zu entlassen? indem sie ihn versuchten«.

Der geographische und geschichtliche Hintergrund ist für das Verständnis der Begegnung des Herrn Jesus mit den Pharisäern von entscheidender Bedeutung. Der Herr hatte Seinen Dienst in Galiläa beendet und war nun im Begriff, nach Jerusalem zum Passahfest und Seiner Kreuzigung zu gehen. Als Er die Gegend von Peräa (Gegend jenseits des Jordan's im Frühjahr 33 bereiste, wurde er von einigen Pharisäern angegangen, die Ihn mit einer theologischen Testfrage in Verlegenheit bringen wollten. Man beachte die Aussage des Textes, daß die Pharisäer diese Frage nicht stellten um zu lernen, sondern nur um den Herrn Jesus »zu versuchen«. Sie wollten Ihn tatsächlich in Schwierigkeiten bringen.

Nur ein oder zwei Jahre vorher war der Vorläufer und Wegbereiter des Messias, Johannes der Täufer, wegen seiner klaren Aussagen über Scheidung und Wiederheirat ins Gefängnis geworfen worden (Matth. 14,1-12). Um das Jahr 29 n. Chr. besuchte Herodes Antipas, der Herrscher über Galiläa und Peräa, seinen Halbbruder Herodes Philippus auf seiner Reise nach Rom. Dabei verliebte sich Herodes Antipas in Herodias, des Philippus Frau. Sie war zugleich auch die Nichte des Herodes Antipas! Das hört sich an wie ein rührseliges Familiendrama, ist aber eine von Josephus, dem jüdischen Historiker des ersten Jahrhundert, berichtete wahre Geschichte. Herodias willigte ein, sich von ihrem Ehemann scheiden zu lassen und Herodes Antipas zu heiraten mit der Auflage, daß sich Antipas von seiner ersten Frau trenne. Die beiden wurden dann ein Ehepaar, allerdings unter Verletzung des mosaischen Gesetzes (3. Mose 18,16; 3. Mose 20,21).

Johannes der Täufer war nicht ängstlich und tadelte die Sünde scharf — sogar vor hochgestellten Persönlichkeiten. Er erklärte dem Herodes Antipas: »Es ist dir nicht erlaubt, sie zu haben« (Matth. 14,4)! Folglich wurde Johannes der Täufer verhaftet und ins Gefängnis der östlich des Jordan gelegenen Festung Machaerus geworfen. Herodias war darüber nicht glücklich, den Johannes nur im Gefängnis zu wissen. Als sich ihr die Möglichkeit bot, sorgte sie dafür, daß Johannes hingerichtet wurde. Auf die Bitte ihrer tanzenden Tochter Salome wurde der Kopf Johannes des Täufers auf einer Schale anläßlich der Geburtstagsfeier des Herodes Antipas präsentiert (Matth. 14,6-12).

Es sei daran erinnert, daß die Pharisäer schon beschlossen hatten, den Herrn Jesus zu vernichten (Matth. 12,14; Mark. 3,6). Nur stellte sich die Frage, wie das zu bewerkstelligen sei! Da der Herr Jesus auf Seinem Weg nach Jerusalem durch Peräa reiste, war Er im Gebiet und unter der Gerichtsbarkeit des Herodes Antipas. Zweifellos dachten die Pharisäer so: »Wenn Herodes Antipas Johannes den Täufer dafür verhaftete, daß er sich gegen Scheidung und Wiederheirat ausgesprochen hatte, wird er vielleicht mit Jesus genauso verfahren«. Sie wollten also mit der »Testfrage« bezüglich der Scheidung den Herrn Jesus dazu bringen, daß Er eine Aussage gegen die Eheaffäre des Herodes Antipas machte, was dann zur Verhaftung und möglicherweise Hinrichtung des Herrn führen würde.

Die an den Herrn speziell gerichtete Frage zielte im Kern auf die Bedeutung des Ausdruckes »etwas Schamwürdiges« in 5. Mose 24,1. Scheidung wurde praktisch von allen Juden in Palästina während der Zeit des Herrn Jesus auf der Grundlage der Regelung in 5. Mose 24,1-4 akzeptiert. Es gab allerdings einen Hauptstreitpunkt in diesen Dingen. Er bezog sich auf den rechtmäßigen **Grund**, aus dem heraus man sich scheiden lassen konnte.

Es ist bemerkenswert, daß es radikale Unterschiede bei den Rabbinern gab, was die Auslegung des gleichen biblischen Textes angeht (5. Mose 24,1-4). Die liberale Richtung unter Hillel sagt, daß Scheidung aus irgendeinem Grunde legal sei, während die konservative Schule des Schammai Scheidung nur bei Ehebruch gestatten wollte. Die an den Herrn gerichtete Frage lautete: »Auf welcher Seite dieser Kontroverse stehst Du?«

Die Konzession des Mose (Markus 10,3-5)

> »Er aber antwortete und sprach zu ihnen: Was hat euch Mose geboten? Sie aber sagten: Mose hat gestattet, einen Scheidebrief zu schreiben und zu entlassen. Und Jesus antwortete und sprach zu ihnen: Wegen eurer Herzenshärtigkeit hat er euch dieses Gebot geschrieben.«

Der Herr kannte die Herzen der Pharisäer und antwortete mit einer Gegenfrage, die sie auf das mosaische Gesetz verwies, das Gottes ursprünglichen Plan für die Ehe enthält. Die Pharisäer jedoch verfehlten den eigentlichen Punkt der Frage, denn sie waren eher auf die **Konzession** aus 5. Mose 24,1-4 bedacht als auf den **Befehl**, der in 1. Mose 2,24 bezeugt wird! Die Pharisäer antworteten auf die Frage des Herrn Jesus, die den Befehl des Mose betraf, indem sie 5. Mose 24,1 zitierten: »Mose hat gestattet, einen Scheidebrief zu schreiben und zu entlassen (Mark. 10,4).«

Ohne Umschweife erklärte der Herr dann die Konzession des Mose, bevor er die Pharisäer über die ursprüngliche Einrichtung der

Ehe belehrte. Die Duldung seitens Mose, so sagte Er, sei der Herzenshärtigkeit der Israeliten zuzuschreiben. Um mit ihrer sündigen und hartherzigen Zurückweisung des ursprünglichen Planes Gottes für die Ehe fertig werden zu können — ein Mann und eine Frau lebenslang — verlangte Mose, daß ein Ehemann seiner entlassenen Frau ein Scheidungsdokument aushändige. In keiner Weise hat die Gesetzgebung von 5. Mose 24,1-4 die Scheidung als solche institutionalisiert. Das mosaische Gesetz beabsichtigt nur, die Scheidung zu regulieren und die Rechte der entlassenen Frau zu schützen.

Die Einrichtung der Ehe (Markus 10,6-9)
> »Von Anfang der Schöpfung aber schuf Gott sie Mann und Frau. Um deswillen wird ein Mensch seinen Vater und seine Mutter verlassen und seiner Frau anhangen, und es werden die zwei ein Fleisch sein; also sind sie nicht mehr zwei, sondern ein Fleisch. Was nun Gott zusammengefügt hat, soll der Mensch nicht scheiden.«

Der Herr Jesus fuhr dann fort, die Pharisäer darüber zu belehren, daß Scheidung dem göttlichen Plan der Ehe tatsächlich fremd ist. In den Versen 6-9 zieht der Herr 4 Argumente gegen das Prinzip der Scheidung aus dem Alten Testament heran:

1. »Von Anfang der Schöpfung aber schuf Gott sie Mann und Frau« (Mark. 10,6; 1. Mose 1,27 und 1. Mose 5,2). Wenn Gott gewollt hätte, daß Adam eine Reihe von Frauen hätte haben sollen, dann würde Er außer Eva noch weitere Frauen geschaffen haben.
2. Der Herr greift auf 1. Mose 2,24 zurück, um herauszustellen, daß **die Ehe die stärkste aller menschlichen Bindungen ist**, stärker sogar als das Kinder-Eltern-Band (Markus 10,7).
3. **In der Ehe werden Menschen tatsächlich ein Fleisch** (Markus 10,8; 1. Mose 2,24). Das »ein Fleisch« wird durch die von Gott geschenkte Nachkommenschaft wunderbar illustriert. Ein Kind nimmt teil am Fleisch des Vaters und der Mutter, und diese zwei sind absolut untrennbar!
4. Der Herr Jesus bestätigt, daß **Gott derjenige ist, der tatsächlich das Paar in der Ehe vereinigt, und was Gott vereinigt, soll der Mensch nicht scheiden** (Mark. 10,9). Der Ausdruck für »zusammengefügt« bedeutet »unter ein Joch gebracht«. Die im

Griechischen gewählte Zeitstufe weist auf die Dauer der Bindung hin. Eine verdeutlichende, dem Griechischen angemessene Umschreibung des Verses 9 wäre etwa: »Hört auf, die Ehebündnisse zu trennen, die Gott dauernd zusammengehalten hat.«

Es ist sehr bedeutsam, daß die Unterredung des Herrn mit den Pharisäern mit Seiner Bestätigung der Dauer und auch der Unverletzlichkeit der von Gott eingesetzten Ehe endet. Er hat die Fragen der Pharisäer völlig beantwortet, was den Punkt anging, ob es für einen Mann gesetzlich erlaubt sei, seine Frau zu entlassen. Seine Antwort lautet unmißverständlich »nein«! Dadurch, daß Er Seine Lehre nicht direkt auf Herodes Antipas, den Herrscher des Landes bezog, vermied Er eine Konfrontation, die Seinen Dienst vielleicht vorzeitig hätten beenden können — menschlich gesehen.

Die Klarstellung für die Jünger (Markus 10,10-12)

»Und in dem Hause befragten ihn die Jünger wiederum hierüber; und er spricht zu ihnen:
Wer irgend seine Frau entlassen und eine andere heiraten wird, begeht Ehebruch gegen sie. Und wenn eine Frau ihren Mann entlassen und einen anderen heiraten wird, so begeht sie Ehebruch.«

Als der Herr Jesus später an diesem Tag eine Unterkunft für den Abend fand (»in dem Hause«), begannen die Jünger, Ihn erneut über das Thema Scheidung und Wiederheirat zu befragen (Markus 10,10). Während Er ganz eindeutig festgestellt hatte, daß es nicht erlaubt sei, seine Frau zu entlassen, fragten sich die Jünger noch nach den Folgen solcher Sünde.

Jesus erklärte Seinen Jüngern mit eindeutigen Ausdrücken, daß Scheidung und Wiederheirat seitens des Mannes oder der Frau Ehebruch bedeuten (Markus 10,11-12), eine Sünde, die von Gottes Gesetz klar verurteilt wird (2. Mose 20,14; 5. Mose 5,18). Bloße formale und gesetzliche Scheidung löst nach Jesu Aussage die tatsächliche Ehe, die durch Gott zu einer andauernden gemacht wurde, nicht auf. Da Gott Scheidung nicht anerkennt, beinhaltet die folgende Heirat eines/einer Geschiedenen klar Sünde des Ehebruchs gegen den entlassenen Ehepartner.

Scheidung ist nicht nur falsch, weil sie das, was Gott zusammengefügt hat, trennt, sondern durch Wiederheirat verschlimmert sich

die Sünde noch. Ein Ehemann, der sich von seiner Frau scheiden
läßt und eine andere heiratet, sündigt nicht nur gegen Gott, sondern auch gegen seine Frau. Er begibt sich selbst in den Ehebruch
»gegen sie« (Mark. 10,11). Markus berichtet, daß die gleiche Regel sowohl auf den Ehemann als auch auf **die Frau** angewendet
wird, eine Wahrheit, die im Matthäusevangelium nicht enthüllt
wird (vgl. Matth. 19,9). Matthäus schrieb für die Juden, unter denen die Scheidung, ausgehend von einer Frau, so selten war, daß
das Gesetz für diese Möglichkeit keine Extra-Aussage bereithielt.
Was unter den Juden Ausnahme war, war bei den Römern und
Griechen gang und gäbe. Zum Nutzen der römischen Leser berichtet Markus über die Anwendung der Lehre Christi sowohl für
den Mann als auch für die **Frau**.

Somit widerlegte der Herr Jesus mit einigen wenigen Worten in
Markus 10,1-12 die Ansicht, daß Scheidung eine brauchbare und
realisierbare Möglichkeit für ein verheiratetes Paar ist. Er widerlegt ebenso die rabbinischen Fehldeutungen des Gesetzes und ver-
weist die Pharisäer zurück auf Gottes ursprünglichen Plan für die
Ehe, wobei Er die Heiligkeit und Unverletzbarkeit des Ehebündnisses ständig betont.

Der Beitrag von Lukas 16,18

»Jeder, der seine Frau entläßt und eine andere heiratet, begeht Ehebruch.«

Auf den ersten Blick scheint Jesu Lehre über die Scheidung in Lukas 16,18 ohne Beziehung zum unmittelbaren Kontext zu stehen.
Eine nähere Untersuchung jedoch enthüllt, daß Vers 18 einfach
den Punkt erläutert, den der Herr den Pharisäern beibringt (Lukas 16,14) und zwar tut Er das in den Versen 16-17. Bis zum Beginn des Dienstes des Täufers Johannes waren das Gesetz und die
Propheten das Hauptthema, das von den jüdischen Lehrern und
Rabbinern erörtert und dargelegt wurde. Anhand der Predigt des
Evangeliums vom Reich Gottes (Matth. 3,2) durch Johannes und
der Verkündigung der gleichen Botschaft durch Jesus Christus
(Matth. 4,17; Markus 1,15) schlossen einige Pharisäer fälscher-
weise, daß Jesus glaube, daß das Gesetz und die Prophetenzeit
vorbei und erledigt seien. Der Herr Jesus betont jedoch in Lukas
16,17, daß Gottes Gesetz nicht beiseite gesetzt worden war, obwohl Er das Kommen einer neuen Ordnung angekündigt hatte.

Die Prophezeiungen werden bis ins Kleinste hinein erfüllt werden, und das moralische Gesetz Gottes bleibt absolut in Kraft und Autorität.

In Vers 18 macht der Herr diesen Punkt ganz deutlich, wenn Er mit einer Illustration an die Pharisäer herantritt, die normalerweise Gottes Gesetz durch ihre eigenen mündlichen Überlieferungen kraftlos und ungültig zu machen suchten (vgl. Markus 7,13). Sie ignorierten Gottes ursprünglichen Plan für die Ehe, wie er in 1. Mose 2,24 offengelegt wurde und gestatteten Scheidungen aus höchst trivialen Gründen. Hillel z.B. glaubte, in einem angebrannten Essen genügend Gründe für eine Scheidung zu haben. Der Rabbi Akiba ging sogar soweit, daß er eine Scheidung für den Fall erlaubte, das ein Mann eine Frau fand, die schöner als seine eigene Frau war. Jesus sagt: »Nein! Gottes Gesetz währt länger als Himmel und Erde.« Folglich bestätigt Er in Vers 18, daß jeder, der seine Frau entläßt und eine andere heiratet, Ehebruch begeht. Als Zusatz berichtet Lukas noch die Lehre Jesu, daß jeder, der eine geschiedene Person heiratet, Ehebruch begeht.

Manche haben gedacht, daß der Herr Jesus in Lukas 16,18 öffentlich Herodes Antipas kritisiert, der sich von seiner Frau hatte scheiden lassen, um die geschiedene Herodias zu heiraten. Demnach war er gemäß Vers 18 aus zwei Gründen schuldig. Während sich Jesu Worte sicher auf Antipas anwenden lassen, ist es jedoch wahrscheinlich, daß sie mehr an die Adresse der Pharisäer gerichtet waren, wie der unmittelbare Zusammenhang andeutet (vgl. Lukas 16,14).

Zusammenfassung und Schluß

Während es verschiedene Meinungen über das Thema Scheidung und Wiederheirat unter Christen gibt, kann es über die klare Lehre Jesu wohl kaum zu einer Diskussion kommen, was die Textstellen in Markus und Lukas angeht. In Markus 10, 1-12 widerlegt der Herr die Ansichten der Pharisäer und argumentiert, daß Ehe unauflöslich ist durch göttliche Einrichtung (Markus 10,6), durch die Stärke des Verhältnisses selbst (Markus 10,7), dadurch, daß die beiden Ehepartner ein Fleisch werden (Markus 10,8), durch ausdrückliche Anordnung Gottes (Markus 10,9) und durch die schlimmen Folgen, die sich aus Scheidung und Wiederheirat ergeben (Mark. 10,11-12). Die Lehre Jesu in Markus 10,11-12 und

Lukas 16,18 ist einfach die, daß Scheidung und Wiederheirat des Ehemannes oder der Ehefrau ganz klar Ehebruch bedeuten.

Es gibt keine Ausnahme, die Markus niedergeschrieben hätte, als er sich anschickte, das Evangelium für römische Leser abzufassen. Das gleiche gilt für Lukas, der sein Evangelium für die griechischen Heiden schrieb. Es war eine sehr strenge Sicht der Scheidung und Wiederheirat, die der Herr Jesus lehrte, denn sie widersprach sowohl den liberalen wie den konservativen jüdischen Theologen seiner Zeit. Jesus hielt daran fest, daß es allein Gott zusteht und Er allein befugt ist, Anfang und Ende einer Ehe zu bestimmen, da die Ehe nicht nur ein bürgerlicher Akt, sondern eine göttlich verordnete Einrichtung ist. Ein Ehepaar sollte die Worte des Herrn Jesus sehr wohl beachten: »Was Gott zusammengefügt hat, soll der Mensch nicht scheiden«. Das gilt so lange, bis die Ehe durch den Tod des Partners ihr Ende findet.

Fragen
1. Welcher Beweis liegt dafür vor, daß Matthäus und Markus die gleiche Begegnung zwischen Jesus und den Pharisäern hinsichtlich der Frage der Scheidung berichten?
2. Inwiefern ist der geografische und geschichtliche Hintergrund von Markus 10,1-2 von entscheidender Bedeutung für das Verständnis dieser Begegnung Christi mit den Pharisäern?
3. Erkläre die Haltung Johannes des Täufers bezüglich Scheidung und Wiederheirat. Was ergab sich aus seiner festen Haltung in diesem Punkt?
4. Was waren die Ansichten der Rabbiner über das Thema der Scheidung und Wiederheirat in den Tagen des Herrn Jesus?
5. Wie erklärt der Herr Jesus die Konzession Moses in 5. Mose 24,1-4 (Markus 10,4-5)?
6. Welche Argumente brauchte der Herr Jesus in Markus 10,6-9, um zu zeigen, daß Scheidung dem Plan Gottes für die Ehe tatsächlich fremd ist?
7. Der Herr Jesus erklärt, daß Scheidung und Wiederheirat Ehebruch sind (Markus 10,11-12). Warum wendet Matthäus 19,9 diese Regel nur auf den Ehemann an, während Markus sie auf Ehemann und Ehefrau anwendet?
8. Welchen einzigartigen Beitrag hinsichtlich der Lehre des Herrn über Scheidung und Wiederheirat leistet Lukas 16,18?

9. Wie läßt sich Jesu Lehre über die Scheidung mit der der Juden des ersten Jahrhunderts vergleichen? Wie läßt sich Jesu Lehre mit der der Prediger und Lehrer des 20. Jahrhunderts vergleichen?

VI. Die Lehre des Herrn Jesus
im Matthäus-Evangelium

Vor zwei Jahren wurde ein Freund (den wir Jim nennen wollen) von seiner Frau geschieden. Das kam nicht ganz unerwartet, denn ihr Verhältnis hatte sich von Jahr zu Jahr verschlechtert. Jim hatte sich nur noch seiner Arbeit gewidmet; seine Frau jedoch wünschte sich einen Ehemann, der sich mehr um das Zuhause und das Familienleben kümmern sollte. Jims Frau begann, sich nach Gesellschaft außerhalb der Ehe umzusehen und fand einen anderen Mann. Sie reichte schließlich die Scheidungsklage ein. Während ich durch das zerbrochene Verhältnis sehr betrübt war, war ich andererseits nicht allzu überrascht. Was mich interessierte, war jedoch der Wechsel, der sich in Jims Ansicht über die Ehescheidung und Wiederheirat vollzog.

Vor dieser unglücklichen persönlichen Erfahrung hatte Jim eine sehr strenge Ansicht über die Ehe vertreten. Auch er meinte, daß sie eine Bindung bedeutet, »bis daß der Tod uns scheidet«. Die persönliche Erfahrung jedoch beeinflußte seine Lehrmeinung, und sehr bald begann er, seine Position abzuändern und seine Scheidung biblisch zu rechtfertigen. Da es keinen gesicherten Beweis für einen Ehebruch gab, begann er zu glauben, daß Jesus die Scheidung wegen »emotionaler Trennung« gestatte. Er kam zu dem Schluß, daß seine eigene Ehescheidung in dem Moment stattgefunden habe, als seine Frau aufhörte, mit ihm zusammenzusein — sechs Monate vor ihrer Trennung und ein ganzes Jahr ehe die Ehe »gültig« geschieden wurde.

Allgemein ausgedrückt: Christen, die sich scheiden lassen und wieder heiraten, versuchen ihre Handlungsweise sogar mit Gottes Wort zu rechtfertigen. Recht häufig bemühen sie dabei die Worte aus Matth. 5,32 und 19,9, um ihre Handlungsweisen zu erklären und zu belegen. Sie versichern, daß »Scheidung und Wiederheirat im Falle des Ehebruchs erlaubt sei«. Ehebruch wird dann nur als die leibliche Komponente der Ehe, und zwar außerhalb dieser, definiert, nämlich als das Begehren, außerhalb der Ehe sexuelle Beziehungen zu unterhalten (vgl. Matth. 5,27-28), oder auch als emotionale Untreue dem Ehepartner gegenüber. Da nun die meisten dieser Christen ehrlich und aufrichtig in ihren Überzeugungen sind, ist Aufrichtigkeit offenbar wirklich nicht genug, besonders im Hinblick auf die biblische Lehre. Trotz ihrer Aufrichtigkeit liegen, wie ich persönlich meine, viele gutmeinende Gläubige falsch hinsichtlich ihres Verständnisses dessen, was das Matthäusevangelium über Scheidung und Wiederheirat sagt. Daher ist eine sorgfältige und gründliche Erforschung der einzigartigen Beiträge des Matthäusevangeliums angesetzt. Es geht hierbei um Kapitel 5,31-32 und 19,1-12.

Was macht das Matthäus-Evangelium deutlich?

Es ist unumgänglich notwendig zu wissen, daß das Matthäusevangelium in einzigartiger und durchgängiger Weise jüdisch orientiert ist. Das wird schon beim Stammbaum deutlich, der Christi Linie bis auf David und Abraham zurückführt (Matth. 1,1); darüberhinaus aber auch durch die Betonung der erfüllten alttestamentlichen Prophezeiungen, die von den Juden als bedeutsam angesehen wurden (Matth. 1,22-23; 2,15.17 u. 18), sowie durch Verwendung jüdischer bedeutsamer Begriffe wie z.B. der Titel »Sohn Davids« (Matth. 1,1; 9,27; 21,9). Wahrscheinlich um das Jahr 50 n. Chr. geschrieben, sollte das Matthäusevangelium den Juden zeigen und beweisen, daß Jesus von Nazareth der verheißene Messias des Alten Testamentes war. Wiederholt bezieht Matthäus alttestamentliche messianische Prophezeiungen auf das Leben und den Dienst des Herrn Jesus und zeigt, wie sie sich in Seiner Person erfüllt haben. Einige fragen sich, warum die Lehre des Herrn über die Scheidung nicht in Markus 10 berichtet wird. Nun, so wie Matthäus an jüdische Leser schreibt, so wandte sich Markus an römische Leser. Unter der Eingebung und Leitung des Heiligen Geistes wählten beide das aus den Lehren des Herrn aus, was an die jeweilige Zuhörerschaft besonders gerichtet und ihr mitgeteilt werden sollte. Das läßt sich leicht aus der Tatsache ersehen, daß Matthäus recht häufig Zitate des Alten Testamentes verwendet, verglichen mit den relativ wenigen im Markusevangelium — die Römer schätzten wohl kaum die Heilige Schrift! Markus erklärt gewisse jüdische Traditionen (vgl. Markus 7,2.11; Markus 14,12) und übersetzt aramäische Worte (5,41; 7,34; 9,43; 14,36; 15,22 u. 34). Seinen römischen Lesern erklärt Markus auch geographische Lage und Bezeichnung des Ölbergs und des Tempelbezirks (Mark. 13,3), denn sie waren ja mit den Gegebenheiten des Landes nicht vertraut.

Eine Illustration der Unterschiede zwischen Matthäus und Markus findet sich im Kontext der Lehre des Herrn Jesus über die Scheidung. Allein Markus vermerkt die Möglichkeit der Entlassung eines Mannes durch eine Frau:

»Und wenn eine Frau ihren Mann entlassen und einen anderen heiraten wird, so begeht sie Ehebruch« (Mark. 10,12).

Während der Herr Jesus diese Wahrheit klar lehrte, hat Matthäus sie in seinem Evangelium nicht berichtet, da es an Juden gerichtet war und das jüdische Gesetz einer Frau nicht gestattete, ihren Mann zu entlassen. Daran erkennen wir recht deutlich, daß jeder Evangelienschreiber auswählte und berichtete, was lehrmäßig seinem besonderen Auftrag und der jeweiligen Adressatengruppe entsprach. Demnach schrieb Matthäus auch entsprechend den Bedürfnissen seiner jüdischen Leser und teilte verschiedene, einzigartige Beiträge zur Lehre Jesu über die Scheidung und Wiederheirat mit.

Der erste entscheidende Hinweis des Matthäusevangeliums über Scheidung und Wiederheirat findet sich in der Bergpredigt (Matth. 5-7). In dieser Rede versucht der Herr Jesus die jüdische Menge davon zu überzeugen, daß sie die wahre Gerechtigkeit nur in Ihm finden können. Er weist den pharisäischen Standard der Gerechtigkeit zurück (Matth. 5,20) und ruft eher zur inneren Übereinstimmung mit dem Geist des Gesetzes auf als zur bloß äußerlichen Einhaltung des Buchstabens des Gesetzes. In Matth. 5,31-32 finden wir, daß der Herr Jesus die Scheidung bis auf eine Ausnahme nicht anerkannte, während die Pharisäer die Scheidung auf der Basis des mosaischen Zugeständnisses gestatteten (5. Mose 24,1-4). Der deutliche Gegensatz zwischen der Auslegung der Stelle in 5. Mose 24,1 durch die Pharisäer einerseits und der Klarstellung Jesu andererseits wird im Matthäus-Evangelium herausgearbeitet. Jesu Klarstellung betrifft die Dauer des Ehebündnisses.

Zweitens macht die Antwort der Jünger auf Jesu Lehre deutlich, daß sie Christi Stellung als sehr streng verstanden: »Wenn die Sache des Mannes mit der Frau also steht, so ist es nicht ratsam, zu heiraten« (Matth. 19,10). Der Herr Jesus geht über die »Buchstabentreue« der Pharisäer hinaus auf den Geist des Gesetzes. Während Scheidung vom alttestamentlichen Gesetz **anerkannt** und geregelt wurde, so war sie doch nicht **institutionalisiert** von diesem Gesetz. Die Jünger, die offensichtlich der pharisäischen Sichtweise gefolgt waren, erkannten, daß Jesu Lehre im eigentlichen keine Scheidung gestattete! Ihre Antwort war, daß man, wenn man schon nicht aus der Ehe heraus könne, besser erst gar nicht heirate. Der Herr erklärte dann, daß nicht alle diese Feststellung akzeptieren können, die ein eheloses Leben befürworteten. Er belehrte dann die Jünger, daß es nur einige wenige seien, die nicht heiraten sollten (Matth. 19,11-12). Der Kernpunkt Seiner Lehre war nicht die Warnung vor der Ehe, sondern die Belehrung hinsichtlich der Dauer des Eheverhältnisses.

Der dritte einzigartige Beitrag des Matthäusevangeliums sind die Ausnahmesätze im Kap. 5,32 und 19,9, die Scheidung und Wiederheirat außer aus dem Grunde von Hurerei als Ehebruch lehren:

>Ich aber sage euch: Wer irgend seine Frau verlassen wird, außer auf Grund von Hurerei, macht, daß sie Ehebruch begeht; und wer irgend eine Entlassene heiratet, begeht Ehebruch« (Matth. 5,32).

>Ich sage euch aber, daß, wer irgend seine Frau entlassen wird, nicht wegen Hurerei, und eine andere heiraten wird, Ehebruch begeht; und wer eine Entlassene heiratet, begeht Ehebruch« (Matth. 19,9).

Manche werden wohl argumentieren, daß dies Ausnahmesätze seien und nicht Teil der echten Lehre Jesu, sondern vielmehr entweder eine Anpassung durch Matthäus oder eine Hinzufügung durch die frühe Kirche darstellten. Doch gibt es hierfür keine zwingenden Textargumente, die gegen die Echtheit dieser Sätze verwendet werden könnten. Daher werden wir unter der Voraussetzung weiterfahren, daß die Ausnahmesätze in Matth. 5,32 und 19,9 authentische Aussagen des Herrn und Teil des Originaltextes sind. Die Bedeutung des Wortes — porneia — (Hurerei) wird die entscheidende Frage sein, die die Lehre des Herrn Jesus über Scheidung und Wiederheirat aufhellen muß.

Die möglichen Bedeutungen von »Porneia«

Leider ist es so, daß viele Menschen so erfreut darüber sind, einen legitimen Grund für Scheidung zu haben, daß dieses griechische Wort nur einer oberflächlichen Betrachtung unterzogen wird. Eine genaue Untersuchung der möglichen Bedeutungen dieses wichtigen Begriffs ist lange vernachlässigt worden.

»Porneia« ist mit dem Wort »porné« verwandt, das aus der Wurzel »verkaufen« abgeleitet ist. Der ursprüngliche Begriff bedeutete, seinen Körper zu einem bestimmten Preis anzubieten. Das Wort »porné« wurde besonders für Sklavinnen gebraucht und bedeutete »käufliche Hure«. Hiervon kommt das griechische Wort »porneia«, das in Matth. 5,32 und 19,9 verwendet wird und sich grundsätzlich auf ungesetzlichen sexuellen Verkehr bezieht. Es kann sich auch auf sexuelle Verirrungen beziehen, denn es wird auch im Zusammenhang mit Homosexuellen (vgl. Röm. 1,29) und Unzucht (vgl. 1. Kor. 5,1) gebraucht.

Was ist danach nun die genaue Bedeutung »außer auf Grund von Hurerei«, wie er von Matthäus im Zusammenhang mit der Lehre Jesu über Scheidung und Wiederheirat niedergeschrieben wurde? Vier mögliche Ansichten über die Bedeutung dieses Satzes verdienen unsere Nachforschung:

1. **Ehebruch oder ungesetzlicher sexueller Verkehr**

Die traditionelle und volkstümlichste Deutung des Ausnahmesatzes ist die, daß der Herr Jesus Ehescheidung im Fall des Ehebruchs gestatte. Einige, die diese Position verteidigen, beziehen den Begriff »porneia« nicht nur auf Ehebruch, sondern auf jedes verbotene und abweichende sexuelle Verhalten. Dabei wird argumentiert, daß der Ausnahmesatz sowohl Scheidung als auch Wiederheirat berücksichtige, da die Scheidung die vollständige Auflösung des Verhältnisses und des Ehebundes beinhaltet. Während nun diese Deutung von vielen Christen akzeptiert wird, so ist sie doch nicht ohne gewisse Schwierigkeiten.

Der erste Punkt wäre, daß diese Sicht der Lehre des Herrn Jesus, so wie sie in Markus 10,1-12 und Lukas 16,18 zu finden ist, widerspricht. Die römischen Leser des Markus-Evangeliums und die griechisch-heidnischen Leser des Lukas-Evangeliums würden von dieser nur im Matthäusevangelium für jüdische Leser berichteten Ausnahme nichts gewußt haben. Während nun Leser des 20. Jahrhunderts alle drei synoptischen Evangelien lesen und diese Stellen miteinander in Einklang bringen können, hat die frühe Kirche — ohne den Vorteil des Matthäusevangeliums — Jesu Lehre so verstanden, daß Scheidung und Wiederheirat als Ehebruch endet — ohne Ausnahme.

Der zweite Einwand gegen diese Position ist der, daß sie der Lehre des Herrn in Matth. 19,6 widerspricht, wo Er das klare und feierliche Verbot ausspricht: »Was Gott daher zusammen gefügt hat, soll der Mensch nicht scheiden«. Der in der Gegenwartsform ausgedrückte Befehl verlangt das Ende von etwas, was im Moment getan wurde — die Trennung des Ehebündnisses. Wir müssen die etwas schwierige Phrase »außer auf Grund von Hurerei« deuten, und zwar im Licht der klaren Aussage des 6. Verses. Worauf immer sich die Ausnahme in Vers 9 bezieht, der Herr Jesus muß sich immer in Übereinstimmung mit sich selbst befunden haben. Seine klare Anweisung in Matth. 19,6 soll die Trennung von Ehebündnissen stoppen, die Gott als auf Dauer zusammengefügt sieht.

Das dritte Problem ist das folgende: Entsprechend dieser Deutung ginge die Lehre des Herrn nicht über das hinaus, was Schammai und die Pharisäer lehrten, ganz entgegen Seiner sonstigen Gewohnheit (vgl. Matth. 5,21-48). Christus tadelte gelegentlich die Oberflächlichkeit der Pharisäer mit Seiner eigenen, harten Deutung des Gesetzes.

Viertens widerspricht diese Sicht des Ausnahmesatzes der Lehre des Apostels Paulus in 1. Kor. 7,10-11, einer Stelle, in der er beansprucht, Lehre des Herrn wiederzugeben und zweimal befiehlt, keine Trennung der Ehe vorzunehmen. Er ermahnt die Ehepaare, daß die Frau ihren Ehemann nicht entlassen solle, und daß der Ehemann seine Frau nicht wegschicken solle. Paulus, wie auch der Herr Jesus in Markus und Lukas, verbietet Ehescheidung absolut. Der Apostel beansprucht, Christi Anweisung diesbezüglich wiederzugeben und erwähnt keine Ausnahme.

Schließlich ist das Wort, das im Ausnahmesatz (porneia) verwendet wird, nicht das gewöhnliche, für Ehebruch gebräuchliche Wort. Das griechische Wort »**moicheia**« ist der übliche, für Ehebruch verwendete Begriff und bedeutet sexuelle Untreue gegen eheliche Verpflichtungen.

»Porneia« aber ist ein sehr viel umfassenderer Begriff, der auch Ehebruch miteinschließt, sich jedoch auch auf anderes ungesetzliches Sexualverhalten erstreckt. Der Unterschied der beiden Begriffe wird durch ihre Verwendung in verschiedenen Bibelstellen deutlich, die zwei unterschiedliche Sünden beschreiben (vgl. Matth. 15,19; Mark. 7,22; 1. Kor. 6,9; Gal. 5,19; Hebr. 13,4). Der vom Herrn Jesus verwendete Begriff im Ausnahmesatz ist »porneia« — Unzucht. Warum hat Er dann das

Wort »moicheia«-Ehebruch nicht gebraucht? Wenn der Herr beabsichtigt hätte, Scheidung im Falle von Ehebruch zu erlauben, dann würde Er wahrscheinlich »moicheia«, den deutlicheren Begriff, gewählt haben. Die Tatsache, daß Er ein anderes Wort nahm, bedeutet für mich, daß seine Anspielung im Ausnahmesatz etwas anderes sein muß als Ehebruch.

2. Untreue während der Verlobungszeit

Eine weitere Deutung des Ausnahmesatzes ist die, daß der Herr Jesus Scheidung und Wiederheirat im Fall der Untreue während der Verlobungszeit gestattet habe.

Ein kleiner Exkurs über den kulturellen Hintergrund der Hochzeit im Neuen Testament wird in diesem Falle hilfreich sein. Der erste Schritt zur Ehe war in den Tagen Jesu die Bezahlung eines »Brautpreises« durch den Bräutigam. Diese Mitgift war als Entschädigung für den wirtschaftlichen Verlust der Familie an den Brautvater zu zahlen. Es war der Ausgleich für die Abgabe der Tochter, die die Herden des Vaters hüten, die Arbeit auf den Feldern tun und Wasser tragen konnte. Danach wurde die Verlobung oder das Eheversprechen abgeschlossen. Die Ringe wurden ausgetauscht, Gebübde abgelegt, aber die Ehe wurde noch nicht geschlossen. Wenigstens zwölf Monate lagen zwischen Verlobung und der eigentlichen Hochzeit. Während dieser Zeit stellte die Braut ihre Garderobe zusammen und bereitete sich auf das Leben in der Ehe vor. Der Bräutigam kümmerte sich um eine Wohnung für seine Braut in seines Vaters Haus. Sie wurde bei Fackellicht in einer Prozession zusammen mit ihren Freundinnen, ihrer Familie und Begleiterinnen von ihrem Haus in das Haus ihres Ehemannes geführt. Dort wurde die Eheformel gesprochen und Dokumente unterzeichnet. Während des folgenden Hochzeitsfestes zogen sich Braut und Bräutigam ins Brautgemach zurück.

Die jüdische Verlobung, einer modernen Verlobung ganz unähnlich, war ein Gesetzesvertrag, der nur durch eine formelle Scheidung oder den Tod gebrochen werden konnte (vgl. 5. Mose 20,7; 24,5)! Wenn die Verlobte in der Wartezeit als untreu erfunden wurde, oder wenn nach der Hochzeitsnacht entdeckt wurde, daß sie keine Jungfrau mehr gewesen war, dann konnte ein Gerichtsverfahren eingeleitet und die Scheidung durchgeführt werden. Joseph stand im Begriff, Maria heimlich zu entlassen, als ihre Schwangerschaft bekannt wurde (Matth. 1,19). Er folgte damit der jüdischen Gepflogenheit. Doch erschien ihm ein Engel im Traum und versicherte ihm, daß Maria nicht untreu gewesen war, sondern daß sie vom Heiligen Geist in wunderbarer Weise empfangen habe.

Entsprechend dieser Sicht konnte die Scheidung während der Verlobungszeit gestattet werden, doch war einmal die Ehe vollzogen, dann konnte nur noch der Tod dieses Bündnis auflösen. Die Anwendung des jüdischen Scheidungsrechtes war auf die jüdische Kultur begrenzt. Es läßt sich nur auf die alten Zeiten anwenden, nicht jedoch auf moderne Ehen.

Diese Deutung des Ausnahmesatzes nimmt schon den jüdischen Kontext des Matthäusevangeliums in den Blick und Matth. 1,19 dient schon der Illustrierung solcher Praxis und unterstützt diese Position. Der offensichtlichste Einwand gegen die Verlobungsthese ist der, daß der Herr Jesus und die Pharisäer nicht die Verlobung diskutierten, sondern die **Ehe**. Gerade die Stellen, auf die Er und auch die Pharisäer sich bezogen (1. Mose 2,24; 5. Mose 24,1-4), sprechen von Ehe, nicht von Verlobung. Darüberhinaus würde diese Deutung von »porneia« das Fehlen des Ausnahmesatzes in Markus und Lukas nicht erklären, denn sowohl Griechen, wie auch Römer und ebenso die Juden kannten Verlobungszeiten, auf die sich die Ausnahme hätte anwenden lassen. Während man nun argumentieren könnte, daß die Verbindlichkeit der Verlobung unter den Juden etwas Einzigartiges war, so erklärt dies doch nicht in angemessener Weise das Vorhandensein des Ausnahmesatzes allein im Matthäusevangelium. Es gibt eine andere Erklärung, die mehr zufriedenstellt.

3. Ungesetzliche Ehe mit heidnischen Götzenanbetern

Eine dritte, mögliche Deutung des Ausnahmesatzes in Matth. 5,32 und 19,9 ist die, daß sich »porneia« auf ungesetzliche Ehe mit götzendienerischen Heiden bezieht. Im Alten Testament werden mehrere solcher Ehen und die darauf folgenden Scheidungen dargestellt. Esra verlangt, daß gewisse Juden sich von ihren heidnischen Frauen trennen sollten, damit das Volk rein und frei von Götzendienst bliebe (Esra 9-10). Später tadelte der

Prophet Maleachi die Juden, die götzendienerische, ausländische Frauen während der Abwesenheit Nehemias genommen hatten (Mal. 2,11). Als der Regierungsbeamte Nehemia nach Jerusalem zurückkehrte, löste er die Bewohner von Judäa von allen Beziehungen mit Ausländern, um sie als Juden von Götzendienerei und Abfall abzuhalten (Neh. 13,23-31). Vielleicht wollte der Herr Jesus sagen, daß ein Ehevertrag aufgehoben werden könne, wenn ein abtrünniger Jude sich mit einer heidnischen Frau verheiratete. Der Sinn der Scheidung war die Reinhaltung des jüdischen Volkes und ihres Glaubens.

Diese Ansicht des Ausnahmesatzes würde sicher auch erklären, warum er in das Evangelium aufgenommen wurde, das für die jüdische Zuhörerschaft geschrieben wurde — das Matthäusevangelium.

Was jedoch in der Wiederherstellungszeit unter der Führung Esras und Nehemias in der jüdischen Gemeinde geschah, war offensichtlich ein einzigartiger Vorfall. Die Trennung von den heidnischen Frauen war notwendig, um die Existenz der Nation fortzuführen (vgl. 5. Mose 7,3-4). Das beste Argument gegen diese Deutung des Ausnahmesatzes ist ein Blick auf das, was der Apostel Paulus schreibt. Da Paulus die Sichtweise des Herrn Jesus über Scheidung und Wiederheirat lehrte und dem gläubigen Partner befahl, den ungläubigen nicht zu entlassen (1. Kor. 7,10; 7,12-13), können wir sicher sein, daß der Herr nicht gelehrt hat, daß man den ungläubigen Partner/die ungläubige Partnerin entlassen solle. Die Schrift selbst ist der beste Ausleger für sich. Somit widerlegt die klare Lehre des Apostels Paulus die Ansicht, daß der Ausnahmesatz Scheidung im Falle der gesetzwidrigen Ehe von Juden und heidnischen Götzendienern gestatte.

4. **Ehe innerhalb der untersagten Verhältnisse des 3. Buches Mose**
Entsprechend der von W. K. Lowther Clarke und jüngeren Datums auch von Charles Ryrie vertretenen Position bezieht sich das »außer auf Grund von Hurerei« auf eine Ehe innerhalb der verbotenen Verhältnisse nach 3. Mose 18,6-18. Dort finden wir innerhalb des Zusammenhangs Gottes Anordnung bezüglich der praktischen Heiligung in Seinem Volke, daß die Ehe mit einem nahen Verwandten verboten war. Der wiederholt verwendete

Ausdruck »die Blöße aufdecken« ist ein hebräischer, verhüllender Ausdruck für geschlechtlichen Umgang haben (vgl. 5. Mose 22,30) und bezieht sich hier offensichtlich auf die Ehe (3. Mose 18,18). Die in 3. Mose 18 verurteilten Ehen waren eher das Ergebnis geschlechtlicher Leidenschaft als Ergebnis von echter Zuneigung und Liebe.

Entsprechend der Deutung des Ausnahmesatzes sollte derjenige, der unter Mißachtung des jüdischen Gesetzes einen nahen Verwandten geheiratet hatte, die Aufhebung dieser Ehe betreiben; für alle anderen Fälle war Scheidung nicht erlaubt. Grundsätzlich lehrt der Herr Jesus »Nicht-Scheidung«, doch kann nur eine einzige Ausnahme angenommen werden und zwar, wenn die Ehe innerhalb der von 3. Mose 18,6-18 angegebenen Grenzen vollzogen worden war. Es könnte argumentiert werden, daß das Verbot blutschänderischer Ehen die biblische Vorkehrung für eine gesetzliche Scheidung von vornherein ausschließt. Doch hält dieser Einwand einer genaueren Untersuchung nicht stand, denn den Israeliten war es nicht erlaubt, fremde Frauen zu heiraten (5. Mose 7,3-4). Als dieses Gebot in Esra 9-10 verletzt wurde, löste man die ungesetzlichen Ehen auf. Die Vorkehrung des Gesetzes schloß die Möglichkeit der Verletzung und die Notwendigkeit mit einer gesetzeswidrigen, blutschänderischen Situation fertigzuwerden, nicht aus.

Diese Auslegung des Ausnahmesatzes in Matthäus scheint mir die befriedigende Lösung zu sein. F. F. Bruce, ein bekannter Neutestamentler, betont, daß »Hurerei/Unzucht« vielmehr auch einen eher technischen Sinn des Ehebündnisses innerhalb der verbotenen Grenzen der Blutverwandtschaft oder Verbundenheit meinen könnte, der durch das hebräische »Gesetz der Heiligung« niedergelegt worden war (3. Mose 18,6-18). Es gibt zwei weitere Stellen im Neuen Testament, in denen der Begriff der Unzucht diesen technischen Sinn haben könnte — das bedeutet: die Erlaubnis »außer auf Grund von Hurerei«, so wie sie in Matth. 5,32 und 19,9 dem Verbot des Herrn hinsichtlich der Scheidung für seine Anhänger in der Version des Matthäusevangeliums angefügt ist. Die Auslegung des Ausnahmesatzes kann durch folgende Argumente unterstützt werden:

a) **Neutestamentlicher Gebrauch**

Da eine mögliche lexikalische Bedeutung von »porneia« als

Unzucht oder blutschänderische Ehe zu sehen ist, muß wenigstens diese Deutung in Betracht gezogen werden, wenn wir die Bedeutung in einem bestimmten Kontext zu bestimmen suchen. Wir finden, daß dies die Bedeutung von »porneia« in 1. Kor. 5,1 ist, die sich auf die Ehe eines Menschen bezieht, der seines Vaters Witwe geheiratet hat, was eine flagrante Verletzung von 3. Mose 18,8 darstellt. Wenn man den Ausnahmesatz deutet und ihn auf die blutschänderische Ehe bezieht, dann folgt dies schlicht der Bedeutung »porneia« in Apostelgeschichte 15,20 und 29, wo bestimmte Praktiken wegen ihrer offensichtlichen Beleidigung der Juden verboten waren. In einem Brief, der den Versammlungen durch die in Jerusalem versammelten Apostel und Ältesten zugesandt wurde, belehrten diese die Gläubigen aus den Heiden, sich der Götzenopfer, des Blutes, des Erstickten und der »porneia« zu enthalten. Man beachte die Ordnung, die zuerst von Jakobus (Apg. 15,20) und dann von der ganzen Versammlung vorgeschlagen wurde (Apg. 15,29):

Jakobus

Götzenopfer	3. Mose 17, 8- 9
»porneia«	3. Mose 18, 6-18
Ersticktes	3. Mose 17,13-14
Blut	3. Mose 17,10-12

Die Versammlung der Apostel

Götzenopfer	3. Mose 17, 8- 9
Blut	3. Mose 17,10-12
Ersticktes	3. Mose 17,13-14
»porneia«	3. Mose 18, 6-18

Es ist ganz offensichtlich, daß Jakobus an die in 3. Mose 17 und 18 gegebenen Einschränkungen dachte, sie aber nicht in dieser Reihenfolge wiedergab (Apg. 15,20). Als dann das Apostelkonzil seine Entscheidung formulierte, wurden die

Einschränkungen in ihrer korrekten Reihenfolge entsprechend 3. Mose 17 und 18 zitiert (Apg. 15,29).

Während sich »porneia« auf jede Art von gesetzeswidrigen sexuellen Verhaltens bezieht (1. Kor. 6,13; 2. Kor. 12,21; Gal. 5,19 zum Vergleich), muß der Kontext, der Zusammenhang des Textes, immer die spezifische Bedeutung eines Wortes festlegen. Wenn man den Gesamtzusammenhang von Apg. 15,29 betrachtet und ihn mit 3. Mose 17-18 vergleicht, dann zeigt sich deutlich, daß er sich auf die untersagten Eheverhältnisse aus 3. Mose 18,6-18 bezieht.[4]

Über die Gesetzwidrigkeit von verbotenen sexuellen Gepflogenheiten, die sowohl von dem Herrn Jesus als auch dem Apostel Paulus verurteilt wurden (Matth. 5,27-29; Gal. 5,19-21), hat es nie eine Frage gegeben, doch war die Ehe innerhalb der verbotenen Grenzen von 3. Mose 18 offensichtlich ein lebhafter Streitpunkt (vgl. 1. Kor. 5,1). Die Fortsetzung solcher Praxis seitens der Heiden in der frühen Christenheit würde für die Juden eine große Beleidigung und Verletzung gewesen sein. Es ist klar, daß eine mögliche Bedeutung von »porneia«, so wie das Wort im Neuen Testament gebraucht wird, Unzucht oder unzüchtige Ehe ist. Diese Bedeutung muß wenigstens als eine mögliche Auslegung des Wortes »porneia« angesehen werden, so wie es in Matth. 5,32 und 19,9 zu finden ist.

b) **Jüdische Literatur**

Zusätzlich zum neutestamentlichen Zeugnis über diese spezielle Verwendung des Wortes »porneia«, demonstriert J. Fitzmyer anhand der Qumran-Materialien, daß das hebräische Gegenwort »zenut« auf die Ehen angewandt wird, die innerhalb der verbotenen Verwandtschaftsgrade geschlossen wurden. Aus dem Palästina des ersten Jahrhunderts gibt es eine klare Unterstützung für die Interpretation von »por-

---

[4] Es ist ganz unwahrscheinlich, daß die auf dem Jerusalemer Apostelkonzil formulierten Einschränkungen sexuelle Verirrungen wie in 3. Mose 18,19-23 beschrieben, miteinbezogen. Es ging in Jerusalem um die sogenannten »Grauzonen«, nämlich Praktiken, die für die Nationen annehmbar waren, aber für Juden verabscheuungswert. Die in 3. Mose 18,19-23 wären sicher von beiden verurteilt worden.

neia« in Matth. 5,32 und 19,9 als spezifischer Hinweis auf eine verbotene Ehe zwischen Personen enger Verwandtschaft. Im späteren Judaismus gebrauchten die jüdischen Lehrer »porneia« nicht nur in einem allgemeinen Sinn, bezogen auf jede Art von außerehelichem Geschlechtsverkehr, sondern auch in dem speziellen Sinn, nämlich der Ehe zwischen nahen Verwandten, wie sie durch 3. Mose 18,6-18 verboten war.

c) Der jüdische Hintergrund und Zusammenhang

Entsprechend dieser Deutung war die Frage wegen »porneia« ein Problem, das zuallererst die Juden anging, die mit dem Gesetz des Alten Testaments vertraut waren. Diese Deutung erklärt auch, warum diese Frage der »porneia« auch im Matthäusevangelium mitbehandelt wird (an jüdische Leser gerichtet) und das Fehlen dieser Frage in Markus und Lukas (entsprechend an römische und griechische Leser adressiert). Wir müssen die Tatsache verstehen und würdigen, daß jeder Evangeliumsschreiber inspiriert auswählte und in seinen Bericht über Christi Leben und Lehren mitaufzeichnete (vgl. Luk. 1,1-4; Joh. 20,30; 21,25).

Während der Heilige Geist Markus beauftragte, Jesu Lehre hisichtlich der Scheidung niederzuschreiben, die die gleiche Regel bezüglich Scheidung und Wiederheirat sowohl auf den Mann als auch auf die **Frau** anwandte (Mark. 10,12), gibt uns Matthäus keine Auskunft in dieser Lehrfrage. Warum? Weil es in der griechischen und römischen Gesellschaft üblich war, daß eine Frau ihren Mann entließ, während das jüdische Gesetz solche Fälle überhaupt nicht vorsah. Daher ließ Matthäus eine solche Lehre aus, da sie sich nicht auf den jüdischen Hintergrund und Kultur anwenden ließ. Andererseits bezieht Matthäus den Ausnahmesatz mit ein (»außer auf Grund von Hurerei«). Er tut dies angesichts der Tatsache, daß er an eine jüdische Zuhörerschaft schreibt, die sehr wohl mit der Stelle 3. Mose 18, 6-18 vertraut war, die eine Ehe mit einem nahen Verwandten untersagte. Markus läßt dies offensichtlich aus, weil es sich auf die römische Gesellschaft und Ehegepflogenheiten nicht anwenden ließ. Die Stelle aus 3. Mose 18,6-18 und ihre Deutung von »porneia« erklärt sehr wohl die Aufnahme des Ausnahmesatzes ins Matthäusevangelium — das jüdische Evangelium — und ihr Fehlen im Markus- bzw. Lukasevangelium.

d) Historischer Hintergrund

Die Auslegung des Ausnahmesatzes in Matthäus, der sich auf 3. Mose 18,6-18 bezieht, somit die blutschänderische Ehe verbietet, paßt auch sehr gut zum historischen Hintergrund der Konfrontation der Pharisäer mit dem Herrn Jesus. Wie wir uns erinnern, war der Täufer Johannes verhaftet, ins Gefängnis geworfen und schließlich deshalb umgebracht worden, weil er gegen Herodes Antipas gesprochen hatte, der seine Frau entlassen und seine Nichte geheiratet hatte, die frühere Frau seines Bruders Philippus. Indem er diese Ehe als eine Verletzung des jüdischen Gesetzes erkannte, erklärte Johannes dem Herodes Antipas: »Es ist dir nicht erlaubt, sie zu haben« (Matth. 14,4). Welches jüdische Gesetz genau hatte nun Herodes Antipas verletzt? 3. Mose 18,16 befiehlt: »Die Blöße des Weibes deines Bruders sollst du nicht aufdecken; es ist die Blöße deines Bruders«. Wiederum heißt es in 3. Mose 20,21: »Und wenn ein Mann das Weib seines Bruders nimmt: das ist eine Unreinigkeit; er hat die Blöße seines Bruders aufgedeckt«. Johannes der Täufer verurteilte Herodes Antipas nicht nur, weil er seine Frau entlassen hatte, sondern auch dafür, daß er eine andere Frau unter Verletzung der Anordnungen in 3. Mose 18,16 und 20,21 geheiratet hatte.

Da der Herr Jesus von den Pharisäern im Gebiet von Peräa gefragt wurde (Matth. 19,1; Markus 10,1), einem Gebiet, das der Rechtsprechung des Herodes Antipas unterlag, so ist es recht wahrscheinlich, daß die Pharisäer versuchten, den Herrn in die Falle zu locken, eine Aussage gegen die Ehe des Herodes Antipas zu machen. Da sie richtigerweise annahmen, daß Johannes und der Herr Jesus dieselbe Botschaft vertraten (vgl. Matth. 3,2; 4,17), so meinten sie auch, daß sie wahrscheinlich dergleichen Ansicht über die Ehe wären. Der Herr folgte Johannes in der Verurteilung der blutschänderischen Ehe, doch vermied der Herr eine Konfrontation mit Herodes Antipas durch die einfache Feststellung, daß in dem Fall einer solchen gesetzwidrigen Ehe Scheidung erlaubt sei, während Johannes frei erklärte »es ist dir nicht erlaubt«. Folglich weist der historische Hintergrund der Predigt Johannes des Täufers und seiner Verhaftung auf »porneia« als einen Hinweis auf die Ehe innerhalb der nahen Verwandtschaft hin, die nach 3. Mose 18,6-18 verboten war.

e) **Der unmittelbare Zusammenhang**

Ein letztes Argument für den spezialisierten Gebrauch des Begriffs »porneia« in Matth. 5,32 und 19,9 ist der unmittelbare Kontext, in dem diese Ausnahme gefunden wird. Wenn »porneia« auf die laut 3. Mose 18,6-18 untersagten Beziehungen angewendet wird, dann ist des Herrn Jesus Lehre übereinstimmend mit Gottes Vorstellung von Ehe, wie sie in Matth. 19,4-6 und Markus 10,6-8 dargelegt wird. Gottes Eheplanung schließt die Scheidung nicht mit ein, außer in dem Fall, den die Juden als ungesetzliche Ehe verstanden — eine Ehe mit einem Blutsverwandten. In allen anderen Fällen ist die Ehe als lebenslang zu sehen, deren Bindungsdauer nur durch den Tod aufgehoben wird.

Diese strenge Sicht »porneia« erklärt auch die Reaktion der Jünger: »Wenn die Sache des Mannes mit der Frau also steht, so ist es nicht ratsam zu heiraten« (Matth. 19,10). Hätte der Herr Jesus Scheidung wegen Ehebruch oder anderer verbotener sexueller Verhaltensweisen gestattet, hätte sich seine Lehre in keiner Weise über die des Schammai erhoben und hätte auch nicht solche Entgegnungen provoziert.

Schluß und Anwendung

Für die vierte Auslegung gibt es beträchtliche Unterstützung, daß nämlich der Ausnahmesatz Scheidung erlaubt und zwar im Fall der gesetzeswidrigen Ehe — einer Ehe innerhalb der in 3. Mose 18,6-18 verbotenen Beziehungen. Während »porneia« in einem weiten Sinn im Neuen Testament gebraucht wird und sich auf alle Arten von ungesetzlichen sexuellen Aktivitäten bezieht, haben mich der Rahmen des Judentums, der historische Hintergrund und der unmittelbare Zusammenhang von Matth. 19,1-12 dazu gebracht zu folgern, daß der Herr Jesus diesen Begriff in einem speziellen Sinn verwendete und zwar, wenn Er blutschänderische Ehen (inzestuöse Ehen) meint. Diese Sicht und Deutung der »porneia« ist in Übereinstimmung mit der Lehre der ganzen Heiligen Schrift, daß die Ehe eine lebenslange Beziehung darstellt und bis zum Tod dauert. Ich glaube persönlich, daß die am wenigsten haltbare Position die erste Ansicht ist, daß Christus die Scheidung im Falle des Ehebruchs gestattet habe. Ein klares Verständnis von »porneia« zeigt an, daß Er etwas anderes als Ehebruch im Sinn hatte. Während einige dies als ziemlich »dunkle« oder sogar »esoterische« Deutung ansehen mögen, möchte ich rasch dazu bemerken, daß sie lexikalische und biblische Stützung hat. Es ist eine brauchbare biblische Alternative zu den eher nachsichtigen Meinungen. Sie kann von ernsthaft um Gottes Wort bemühten Menschen nicht einfach als »dunkel« abgetan werden. Einigen mag diese Deutung als »obskur« erscheinen, weil sie von jeder bisher bekannten Ansicht **verschieden** ist, die sie kennengelernt und angetroffen haben. Manchmal findet man im Leben eine »**andere**« Ansicht, die dann besser als die eigene ist! Bloß unterschiedlich zu sein, macht eine Deutung noch nicht richtig oder falsch. Für diejenigen, die die Wahrheit suchen, muß jede Interpretation des Ausnahmesatzes sorgfältig und fair in Betracht gezogen werden.

Nun erhebt sich natürlich die Frage: »Wie wahrscheinlich ist die Möglichkeit, daß jemand aus Unkenntnis in eine blutschänderische Ehe stolpert?« Diese Möglichkeit ist in der Tat sehr unwahrscheinlich. Herodes Antipas heiratete seine Nichte, die frühere Frau seines Bruders, wissentlich und mit voller Absicht. Archelaus, der in Judäa von 4 v. Chr. bis 6. n. Chr. regierte, trat ebenfalls in eine solche Ehe ein, als er sich von seiner Frau scheiden ließ und Glaphyra, die frühere Frau seines Halbbruders Alexander, ehelichte. Herodes Agrippa II (50-100 n. Chr.) war, wie man annimmt, in eine blutschänderische Ehebeziehung mit seiner Schwester Bernice getreten.

Im ersten Jahrhundert waren blutschänderische Ehen unter den politischen Führern Palästinas offensichtlich sehr beliebt, doch waren diese Verletzungen des Gesetzes wahrscheinlich alle aus wollüstigem Begehren begangen worden. Keiner dieser Herrscher stolperte unwissend in blutschänderische Beziehungen. Ich glaube nicht, daß der Herr Jesus mit der »porneia«-Ausnahme der Scheidung und Wiederheirat ein Schlupfloch öffnen wollte. Vielmehr war es so, daß es Ihm darauf ankam, in Matth. 19,9 klarzumachen, daß es für ein Paar besser sei, sich zu trennen und eine gesetzwidrige Ehe zu beenden, als die verbotene geschlechtliche

Beziehung fortzusetzen. Der Herr mag sehr wohl den Herodes Antipas im Sinn gehabt haben, doch läßt sich Seine Lehre genauso gut auf andere in der gleichen Situation beziehen und anwenden. Heute überlegen die Leute: »Ist es richtig, daß geschiedene Leute wieder heiraten?« Christus hingegen stellte die Frage: »Ist es richtig, daß verheiratete Leute geschieden werden?« Beachte den Gegensatz wohl! Die Antwort, die der Herr gibt, lautet: »Absolut nicht!« Die klare Lehre Jesu hinsichtlich Scheidung und Wiederheirat, so wie sie in den synoptischen Evangelien niedergelegt ist, ist die, daß die von Gott eingesetzte Ehe unauflöslich ist, und daß Scheidung und Wiederheirat als Ehebruch zu bezeichnen sind.

Jesu Lehre über Scheidung und Wiederheirat steht im totalen Gegensatz zu den Praktiken der modernen Gesellschaft und auch der evangelischen Gemeinden (= in Amerika/ Anm. d. Übersetzers). Obwohl wir vielleicht das Maß an Heiligkeit und Unverletzlichkeit des Ehebundes nicht ganz verstehen mögen, das Gott jedenfalls zu beachten verlangt, ist der Gläubige verpflichtet, den Lehren des Herrn Jesus zu gehorchen. Dies tut er aus Liebe zu Ihm: »Wenn ihr mich liebt, so haltet meine Gebote« (Joh. 14,15).

Fragen

1. Welchen Beweis gibt es dafür, daß Matthäus sein Evangelium vorwiegend für jüdische Leser geschrieben hat? Wie scheint das die Tatsache zu erklären, daß er einige Fakten mit in seinen Text einschließt, andere aber ausläßt?
2. Welche bedeutsamen Beiträge bringt das Matthäusevangelium hinsichtlich der Berichterstattung über Jesu Lehre von Scheidung und Wiederheirat?
3. Der Herr Jesus erlaubt Scheidung aus einem Grund — »porneia« /Hurerei. Warum ist es wahrscheinlich, daß sich dieses griechische Wort nicht auf Ehebruch im Kontext von Matth. 19 bezieht?
4. Wenn der Herr Jesus argumentiert hätte, daß Scheidung im Fall von Ehebruch erlaubt sei, wie hätte Er das denn deutlicher und klarer verständlich machen können?
5. Erkläre die Verlobungssitten in biblischer Zeit. Könnte »porneia« möglicherweise eine Beziehung zu Untreue während der Verlobungszeit haben? Was ist das Für und Wider?
6. Könnte sich »porneia« möglicherweise auf ungesetzliche Ehen

mit heidnischen Götzendienern beziehen? Warum und warum nicht?

7. 3. Mose 18,6-18 untersagt Ehen zwischen nahen Verwandten. Welchen neutestamentlichen Hinweis gibt es dafür, daß sich die »porneia« von Matth. 5,32 und 19,9 auf solch ungesetzliche Ehen bezieht?

8. Inwiefern hilft der historische Hintergrund des Dienstes Johannes des Täufers, die Bedeutung der »porneia« in Matth. 5,32 und 19,9 zu bestimmen?

VII. Die Lehre des Apostels Paulus

Robert ist ein gereifter christlicher Geschäftsmann, und bis vor wenigen Tagen war er als Leiter in seiner örtlichen Gemeinde aktiv. Er und seine Frau Sherry waren 25 Jahre glücklich verheiratet und hatten zusammen zwei nette Kinder aufgezogen. Während ihrer Ehe hatten sie verschiedene schwere Probleme bewältigt — Sherrys langer Kampf mit Krebs und Roberts Geschäftsverpflichtungen. Durch Gottes Gnade jedoch überwanden sie diese Schwierigkeiten. Sherrys Krebs besserte sich, Roberts Geschäft stabilisierte sich und warf Gewinn ab. Da ihre Kinder nun aus dem Haus waren, schien es, als ob sie sich nun etwas zurücklehnen und ein ruhiges Leben zusammen genießen könnten.

Dann plötzlich passierte es! Ohne jede Vorwarnung oder frühere Probleme eröffnete Sherry ihrem Mann, daß sie ihn nicht mehr liebe und die Scheidung einreichen wolle. Kurz danach zog Sherry aus und begann mit einem anderen Mann zusammenzuleben. Robert war am Boden zerstört. Er brauchte über ein Jahr, um sich von diesem Schock zu erholen und die Dinge seines Lebens neu zu ordnen. Er fragte sich, was er zu tun habe. Das Alleinsein behagte ihm nicht, und er sehnte sich nach Gemeinschaft mit einer Frau. Einige werden nun auf der Grundlage von 1. Kor. 7,15 argumentieren, daß der Apostel Paulus Scheidung und Wiederheirat nicht nur im Falle des Ehebruchs, sondern auch bei Verlassen des Ehepartners gestatte. Hat Robert das Recht, sich wieder zu verheiraten? Was lehrte Paulus über die Frage der Scheidung und der Wiederheirat?

>»Denn die verheiratete Frau ist durch Gesetz an den Mann gebunden, so lange er lebt; wenn aber der Mann gestorben ist, so ist sie losgemacht vom Gesetz des Mannes. So wird sie denn, während der Mann lebt, eine Ehebrecherin geheißen, wenn sie eines anderen Mannes wird; wenn aber der Mann gestorben ist, ist sie frei von dem Gesetz, so daß sie nicht eine Ehebrecherin ist, wenn sie eines anderen Mannes wird«. (Römer 7,2-3)

Die Lehre des Neuen Testamentes hinsichtlich Scheidung und Wiederheirat wird durch die von Paulus gegebene Belehrung im Römerbrief und im 1. Korintherbrief abgerundet. Paulus folgt der

Lehre des Herrn und bestätigt, daß das Ehebündnis lebenslang währt und unauflöslich ist.

In Römer 7,1-6 entwickelt Paulus die Vorstellung, wann ein Gläubiger nicht mehr dem Gesetz unterliegt, ein Thema, das zuerst in Röm. 6,14 eingeführt wurde: »Denn die Sünde wird nicht mehr über euch herrschen, denn ihr seid nicht unter Gesetz, sondern unter Gnade«. In Röm. 7,1-3 legt Paulus ein Prinzip dar, danach eine Illustration. Das in Vers 1 festgestellte Prinzip ist einfach dies, daß der Tod die Herrschaft des Gesetzes beendet. Die Gerichtsbarkeit des Gesetzes ist beschränkt auf **lebende** Individuen. Der Tod entbindet den Menschen von weiterer Verpflichtung und Bindung an das mosaische Gesetz. In den Versen 2 und 3 geht Paulus weiter und illustriert den Grundsatz aus Vers 1 anhand der Beziehung in der Ehe. Sein Hauptaugenmerk in diesem Zusammenhang liegt in dem Gedanken der Entbindung des Gläubigen vom Gesetz, doch wirft diese Illustration beträchtliches Licht auf die Dauer der Ehe.

In Vers 2 bemerkt Paulus, daß eine Frau an ihren Ehemann solange gebunden ist, wie er lebt (keine Ausnahmen!); wenn er aber stirbt, dann ist sie aus dem ehelichen Verhältnis entlassen, das sie als Mann und Frau genossen. Der Tod allein kann aus der Bindung der Ehe entlassen. In Vers 3 notiert Paulus dann den Gedanken, daß eine Frau, die sich an einen anderen Mann bindet, während ihr Mann lebt, eine Ehebrecherin ist. Das Wort »wenn sie eines anderen Mannes wird« bezieht sich nicht auf verbotene sexuelle Beziehungen, sondern auf die legale Ehe, wie der letzte Teil dieses dritten Verses eben anzeigt. Dann wendet Paulus dieses Prinzip an, das er gerade illustriert hatte, und belehrt die römischen Leser, daß sie als Gläubige dem Gesetz gestorben und einem neuen Herrn verbunden seien, nämlich Christus (Römer 7,4-6). Diejenigen, die in Christus sind, sind nicht mehr Sklaven des Gesetzes der Sünde und des Todes. Der Gläubige, der mit Christus gestorben ist, ist von der Knechtschaft, der Fessel, freigemacht und ist frei, ein neues und überreiches Leben mit Christus zu erfahren.

Während nun Röm. 7,1-6 vorwiegend und zuerst mit der Freisetzung des Gläubigen vom Gesetz befaßt ist, wirft die Illustration des Paulus, die er von der Ehe hernimmt, ein besonderes Licht auf die Tatsache, daß die Ehe bis zum Tode andauert. Nur der

Tod kann das Ehebündnis auflösen und einen Ehepartner freisetzen, um einen anderen Partner zu heiraten. Diese exakte Lehre wird in 1. Kor. 7,39 von Paulus präsentiert, wenn er erklärt »Eine Frau ist gebunden, so lange Zeit ihr Mann lebt« (keine Ausnahmen!). Erst wenn ihr Mann gestorben ist, ist sie frei, wieder zu heiraten. Eine zweite Ehe, während der eine Ehepartner noch lebt, sagt Paulus, ist Ehebruch.

> »Den Verheirateten aber gebiete nicht ich, sondern der Herr, daß eine Frau nicht vom Manne geschieden werde, (wenn sie aber auch geschieden ist, so bleibe sie unverheiratet, oder versöhne sich mit dem Manne,) und daß ein Mann seine Frau nicht entlasse.
>
> Den übrigen aber sage ich, nicht der Herr: Wenn ein Bruder eine ungläubige Frau hat, und sie willigt ein, bei ihm zu wohnen, so entlasse er sie nicht. Und eine Frau, die einen ungläubigen Mann hat, und er willigt ein, bei ihr zu wohnen, so entlasse sie den Mann nicht. Denn der ungläubige Mann ist geheiligt durch die Frau, und die ungläubige Frau ist geheiligt durch den Bruder; sonst wären ja eure Kinder unrein, nun aber sind sie heilig. Wenn aber der Ungläubige sich trennt, so trenne er sich. Der Bruder oder die Schwester ist in solchen Fällen nicht gebunden; in Frieden aber hat uns Gott berufen. Denn was weißt du, Frau, ob du den Mann erretten wirst? Oder was weißt du, Mann, ob du die Frau erretten wirst?«   1. Korinther 7,10-16

In diesem Textabschnitt antwortet Paulus auf eine Reihe von Anfragen seitens der Gläubigen in Korinth. Der Schlüssel für diese Passage ist die wiederholte Verwendung des einleitenden Satzes »was aber ... betrifft« (7,1; 12,1; 16,1).

In Kap. 7 antwortet Paulus auf verschiedene Fragen, die sich auf Seiten der korinthischen Gläubigen ergaben, was die Ehe anlangte. Er beginnt das Kapitel mit der Feststellung einiger allgemeiner Prinzipien über die Ehe. Während Paulus die Ehe gestattet, so scheint er doch das ehelose Leben zu bevorzugen (7,1.2.7). Jedoch ermutigt er zur Ehe insbesondere die unverheirateten Männer und Witwen, die nicht über die besondere Gabe der Ehelosigkeit verfügen, die geschlechtliche Beherrschung mit einschließt (1. Kor. 7,8-9). Als nächstes spricht Paulus zu den verheirateten Gläubigen darüber, daß Ehebündnisse aufrechterhalten werden sollen. Er nimmt

Bezug auf die Lehre Christi (vgl. Markus 10, 9.11.12; Lukas 16,18) und erklärt in gewiß nicht unklarer Weise, daß Verheiratete nicht die Scheidung suchen sollten (1. Korinth. 7,10-11). Zweimal bekräftigt er das Prinzip der Nicht-Scheidung: »...die Frau soll nicht vom Mann geschieden« werden und »der Mann (soll) seine Frau nicht entlassen« (7,11).

Was aber ist zu tun als Antwort auf eine Scheidung, wie sie bei Robert und Sherry stattgefunden hatte? Paulus gibt uns die Antwort in Form einer Parenthese in Vers 11. Wenn eine Scheidung oder Trennung tatsächlich stattfinden sollte, stellt Paulus den Gläubigen zwei Optionen vor: 1.) **auf Dauer unverheiratet bleiben** (die Gegenwartsform von »bleiben« betont die andauernde Bindung besonders) oder 2. **sich mit dem Partner zu versöhnen** (die sprachliche Form des Aorist betont das Erreichen des Versöhnungsprozesses). Die spezielle Zeitform wird hier gewählt, um die Versöhnung vom Standpunkt des schon erreichten Ergebnisses zu betrachten. Künftige Trennungen werden von da aus überhaupt nicht mehr in den Blick genommen.

Hier müssen zwei sehr wichtige Beobachtungen gemacht werden. Paulus fügt dem Rat Gottes in 1. Kor. 7,10-11 nichts hinzu, sondern folgt bloß der Lehre Christi. Paulus lehrt, was der Herr Jesus über Scheidung und Wiederheirat lehrte. Zweitens läßt Paulus keine Ausnahmen vom Prinzip der »Nicht-Scheidung« zu. Im Licht der klaren Lehre des Apostels Paulus können wir Robert als einzigen Rat nur den geben, unverheiratet zu bleiben oder sich mit Sherry zu versöhnen. Die Möglichkeit einer Wiederheirat wird als gangbare Alternative einfach nicht angeboten. Wie der Herr in Luk. 16,18 sagt, wäre eine Wiederheirat mit Ehebruch gleichzusetzen.

In den Versen 12-16 setzt sich der Apostel Paulus mit der Frage auseinander, wenn ein Partner nach der Eheschließung gläubig wird. Während der Herr keine Lehre bezüglich »geistlicher« Mischehen gegeben hat (»Das sage ich, nicht der Herr«), dann tut aber Paulus dieses. Seine Lehre ist göttlich inspiriert und voller Autorität. Wiederum ist der Standpunkt des Apostels der, daß es keine Trennung gibt (1. Kor. 7,12-13). Er befiehlt dem gläubigen Ehemann, seine Frau nicht zu entlassen, der gläubigen Ehefrau, ihren Mann nicht zu entlassen. Das Prinzip der »Nicht-Scheidung« wird viermal in den Versen 10-13 dargelegt. Zähle sie! Ein Christ, so sagt Paulus, sollte mit dem ungläubigen Partner so lange zusammenleben, wie der ungläubige Partner zustimmt. Für den Erhalt der Ehe mit dem ungläubigen Partner werden drei Gründe angeführt:

1. wegen der Familie, Vers 14;
2. um des Friedens willen, Vers 15;
3. wegen des persönlichen Zeugnisses, Vers 16.

Die Gegenwart eines Gläubigen im Haus heiligt dieses und gewährt einen christlichen Einfluß, den es sonst nicht haben würde. Das Zeugnis des Gläubigen kann von Gott dazu benutzt werden, die Kinder und den ungläubigen Partner zu Christus zu führen.

Es gibt allerdings einige Ausleger, die Vers 15 als Ermutigung zur Trennung oder Scheidung deuten, und zwar dadurch den Frieden zu erhalten; doch spricht der Zusammenhang sicher gegen diese Sicht (Kap, 7,10-11.16). Paulus sagt ganz einfach, daß der Gläubige nicht gebunden ist, wenn ein ungläubiger Partner die Trennung verlangt, die Ehe aufrecht zu erhalten. Für einen Gläubigen ist es dann notwendig, die Scheidungshandlung anzufechten oder sich in Rechtsstreiten darum zu bemühen, sie zu verhindern. Da Gott uns zum Frieden berufen hat, müssen Bitterkeit und Unmut vermieden werden, wenn es zur Trennung käme. Man beachte jedoch sehr wohl, daß Paulus in Vers 15 nichts über eine zweite Ehe für den verlassenen Ehepartner sagt:

Man hört hier vielleicht jemanden einwenden: »Wenn sie nicht wieder heiraten können, dann sind sie ja gebunden!« Wie aber, so antworten wir, können wir einer Wiederheirat das Wort reden, wenn der Apostel Paulus selbst sich darüber ausschweigt! Ein Auslegungsprinzip von besonderer Bedeutung kommt uns da zu Hilfe: »Gestattet nie einer fragwürdigen oder unklaren Deutung der klaren und positiven Lehre der Heiligen Schrift zu widersprechen«. Wenn wir diese Regel auf 1. Kor. 7,15 und den Zusammenhang dieser Stelle anwenden, dann können wir kaum daraus schließen, daß Paulus lehrt, Scheidung und Wiederheirat im Falle des Verlassens sei kein Ehebruch.

Wenn ein ungläubiger Mann sich von seiner Frau scheiden läßt, ist sie nicht mehr länger an die Ehe mit dem Mann gebunden, doch ist sie immer noch an das Gesetz Gottes gebunden. Die Freiheit eines verlassenen Gläubigen schließt nicht die Freiheit zur Wiederheirat ein. Die zwei Alternativen der Versöhnung oder des lebenslangen Ledigseins gelten nach wie vor (Kap. 7,11). Eine Deutung in andere Richtung würden den Worten des Apostels Paulus widersprechen (Röm. 7,2-3; 1. Kor. 7,39) und auch der Lehre des Herrn (Mark. 10,11-12; Lukas 16,18).

Eine andere Stelle der Schrift, die von einigen als Befürwortung der Wiederheirat durch geschiedene Menschen herangezogen wird, ist 1. Kor. 7,27-28:

»...bist du frei von einer Frau, so suche keine Frau. Wenn du aber auch heiratest, so hast du nicht gesündigt.«

Der Zusammenhang des Textes ist natürlich der Schlüssel zum Verständnis der Lehre. Paulus antwortet auf eine Frage, die junge unverheiratete Frauen betrifft (Kap. 7,25). Sein wichtigster Punkt ist der, daß Ehelosigkeit erwünscht, jedoch nicht verlangt ist (Kap. 7,25-26). Der Apostel liefert drei Argumente für das Leben als Unverheiratete(r). Zuerst, angesichts des Druckes auf einen Christen in einer ihm feindlich gesonnenen Welt mag es nicht klug sein, in eine Ehe zu treten, denn deren Verantwortlichkeiten würden mehr Druck und Lasten auf den Gläubigen legen (Kap. 7,26-28). Die »gegenwärtige Not« (Vers 26) mag sich auf einige spezifische Schwierigkeiten beziehen, denen sich die Korinther gegenüber gestellt sahen. Das zweite, von Paulus gegebene Argument für Ehelosigkeit (Kap. 7,29-31) bezieht sich auf die Vergänglichkeit der Dinge angesichts der Wiederkunft des Herrn. Die Ehe und andere Verbindlichkeiten dieser Art müssen im Licht der nahen Wiederkunft unseres Herrn gesehen werden. Das dritte Argument des Paulus für Ehelosigkeit betrifft den Gläubigen in der Hinsicht, daß er frei ist für seinen Herrn, um Ihm uneingeschränkt dienen und sich Ihm ganz weihen zu können (Kap. 7,23-25).

Paulus betont seinen Lesern gegenüber, daß es keine Sünde sei, zu heiraten (Kap. 7,28), daß es jedoch größere Verantwortung und möglicherweise Schwierigkeiten im Leben nach sich ziehen könne. Daher schließt er, daß es am besten sei, in dem Familienstand zu bleiben, in dem man eben sei. In diesem Zusammenhang versteht man auch den Vers 28 so, daß derjenige, der in die Ehe eingetreten ist, keine »Entbindung« aus dieser Ehe begehren solle und der ehelose Mensch nicht die Ehe suchen solle. In anderen Worten: Bleibe verheiratet, wenn du in der Ehe lebst, bleibe ledig, wenn du ledig bist. Die zweite Frage, die Paulus in Vers 27 fragt: »Bist du frei von einer Frau?« bedarf der weiteren Erläuterung. Die sprachliche

Form des Perfekts (vollendete Gegenwart) »frei sein« bezieht sich nicht auf Freiheit, sondern eher auf den Zustand eines Menschen ohne eheliche Bindung, also eines Ledigen. Paulus adressiert seine Erklärungen in den Versen 25-35 an unverheiratete Personen, genaugenommen an Jungfrauen (Kap. 7,25). Seine Lehre würde sich natürlich genausogut auf Witwen und Witwer anwenden lassen (vgl. 7,39). Der von Paulus dargelegte Hauptpunkt in Vers 25 ist der Grundsatz der Erhaltung des je gegebenen ehelichen oder nicht-ehelichen Standes einer Person. Ob verheiratet oder nicht, Paulus sagt: »Bleibe in deinem Stand!« Das Argument, der Apostel rede hier der Wiederheirat von Geschiedenen das Wort, und daß dies getan werden könne, ohne daß man dabei sündige, bedeutet nichts anderes als den Zusammenhang zu vergewaltigen und der klaren Lehre des Paulus an anderer Stelle zu widersprechen. Das gilt ebenfalls für die Lehre des Herrn Jesus in den Evangelien.

Zusammenfassung und Schluß

Wie der Herr so bekräftigt auch Paulus das Prinzip der Nicht-Scheidung. Das Ehebündnis bindet bis zum Tod (Röm. 7,2-3; 1. Kor. 7,39). Unter keinen Umständen — Ehebruch oder Verlassen — sollte der Gläubige eine Scheidung suchen. Paulus sagt dies viermal in 1. Kor. 7,10-13. Wenn eine Scheidung in Mißachtung dieser Lehre oder einem eventuellen Verständnis dieses Sachverhaltes zeitlich gesehen vorausginge, dann präsentiert Paulus dem Geschiedenen zwei Alternativen: Versöhnung mit dem Ehepartner oder ein lebenslanges Ledigbleiben. Der Apostel bezieht eine sehr klare, strenge Position hinsichtlich Scheidung und Wiederheirat, aber das hatte der Herr Jesus damals ja auch getan. Beide betonen Gottes Plan einer lebenslang dauernden Ehe.

Wenn Robert einen Ungläubigen danach fragen würde, was er hinsichtlich seiner Trennung von Sherry tun solle, dann würde dessen Rat wahrscheinlich sein, Sherry zu vergessen und eine gute Frau für den Rest seines Lebens zu suchen. Wenn er allerdings den Apostel Paulus fragen würde, was er tun solle, dann würde dieser sagen: »Versöhne dich mit Sherry oder bleibe unverheiratet«. Da Robert nicht allein durch das Leben gehen möchte, sollten sich seine Gebete um die Versöhnung mit seiner Frau bemühen. Wie aber kann Robert seine ehebrecherische und untreue Frau wieder lieben? Wie kann er mit jemandem versöhnt werden, der ihn so verletzt hat? Der Herr Jesus sagt in Matth. 19,26: »Bei Menschen ist dies unmöglich, bei Gott aber sind alle Dinge möglich.« Die Welt empfiehlt Scheidung, wenn ihre eigenen dürftigen Quellen an Liebe und Vergebung erschöpft sind. Aber Gott findet Gefallen daran, Ehen wiederherzustellen, um somit einer skeptischen Welt die Realität und Macht Seiner Liebe zu beweisen!

Fragen

1. Welchen Hauptgedanken entwickelt Paulus in Röm. 7,1-6? Wie paßt das Thema der Ehe in diese Stelle hinein?

2. Welches Licht wirft Paulus' Illustration von dem Ehebündnis auf seine Sicht hinsichtlich Scheidung und Wiederheirat?

3. Wird die gleiche Wahrheit aus Röm. 7,2-3 sonst noch in den Schriften des Paulus bekräftigt?

4. In 1. Kor. 7,10-11 bekräftigt Paulus das Prinzip der Nicht-Scheidung zweimal. Welchen Rat gibt er in dem Fall, daß eine Scheidung schon stattgefunden hat?

5. Wie steht es in dem Fall, daß ein Gläubiger einen ungläubigen Partner heiratet? Ist Scheidung eine Möglichkeit in dieser Situation?

6. Welche Gründe für den Erhalt einer Ehe mit einem ungläubigen Partner führt der Apostel an (1. Kor. 7,14-16)?

7. Lehrt 1. Kor. 7,15, daß Scheidung und Wiederheirat im Falle des Verlassens gestattet ist? Welches Hauptprinzip der Auslegung von Bibeltexten hilft uns diesen Vers zu verstehen?

8. Erkläre, wie sich 1. Kor. 7,27 in den Kontext von 1. Kor. 7, 25-35 einfügt. Will Paulus klarmachen, daß ein Geschiedener oder eine Geschiedene ohne zu sündigen sich wiederverheiraten kann? Warum oder warum nicht?

9. Im Lichte der definitiven Feststellungen gegen Scheidung und Wiederheirat durch den Apostel Paulus: Wie würden Sie einer geschiedenen Person raten, der oder die nicht ein Leben allein, also ehelos führen möchte?

VIII. Scheidung und Dienst

Dieser Tag erhielt das Zulassungsgremium des Seminars, an dem ich lehre, den Bewerbungsbrief eines jungen Mannes, den wir Brian nennen wollen. Er hatte uns geschrieben und gefragt, ob sein gegenwärtiger Stand ihn für eine Zulassung zum Pastorenamt ungeeignet erscheinen lasse. In ganz offenherziger Art berichtete er uns, daß er sich als junger Mensch bekehrt und schon früh den Ruf des Herrn in Seinen Dienst gespürt habe. Brian wuchs geistlich heran, doch plötzlich, aus einem unerfindlichen Grunde hörte er auf, dem Herrn nachzufolgen. Während dieser Zeit, in der er sich vom Herrn Jesus mehr und mehr abwandte, begann Brian um eine geschiedene Frau zu werben. Es kam zu einem Verhältnis. Die Frau wurde schwanger, weil beide der Versuchung erlagen.

Brian folgte dem Rat eines Freundes und heiratete die Frau. Sie führen eine glückliche Ehe. Brian genießt die Gemeinschaft mit Gott und glaubt, dem früheren »Ruf«, dem Herrn zu dienen, folgen zu sollen. Brian gibt zu, daß er gegen Gott gesündigt habe, erkennt aber auch, daß Gott ihm völlig vergeben hat. Er schreibt wörtlich: »Es gibt keine Stelle in der Bibel, die mich vom Dienst für den Herrn ausschließt.« Dieser Brief wirft eine sehr wichtige Frage hinsichtlich dessen auf, was die Bibel über Scheidung und Wiederheirat zu sagen hat. Kann ein geschiedener Mann biblisch für den Ältestendienst qualifiziert sein? Schließt die Heirat einer Geschiedenen jemanden vom Dienst aus? Bezieht sich die geforderte Qualifikation, was den Status als Verheirateter angeht, sowohl auf Älteste wie auch auf Diakone? Wenn ein Geschiedener biblisch nicht für den Dienst eines Ältesten qualifiziert ist, wie kann er dann seine geistlichen Gaben ausüben. **Was kann** er für den Herrn tun? Wir wollen noch einmal auf Brians Feststellung zurückkommen und die Frage aufwerfen: »Gibt es eine Stelle in der Heiligen Schrift, die einen Geschiedenen als für den Dienst ungeeignet erscheinen läßt?«

Der Präzedenzfall im Alten Testament

»Eine Hure und eine Entehrte sollen sie nicht zur Frau nehmen, und eine von ihrem Manne verstoßene Frau sollen sie nicht nehmen; denn heilig ist er seinem Gott«. 3. Mose 21,7

»Eine Witwe und eine Vestoßene und eine Entehrte, eine Hure, diese soll er nicht nehmen; sondern eine Jungfrau aus seinen Völkern soll er zur Frau nehmen. Und er soll seinen Samen nicht entweihen unter seinen Völkern; denn ich bin Jahwe, der ihn heiligt.«

3. Mose 21,14-15

Die Heiligkeit des Herrn und die daraus resultierende Heiligkeit Seines auserwählten Volkes ist das zentrale Anliegen des 3. Buches Mose (vgl. 3. Mose 20,26). Da Gott heilig ist, sollten diejenigen, die Sein sind, von der Welt abgesondert, für den Dienst und zur Ehre Gottes da sein. Wenn nun schon das Volk von allem Bösen abgesondert sein sollte, wieviel mehr sollten es die Priester sein, die dem Herrn die Opfer darbrachten! 3. Mose 21 und 22 legen die Bestimmungen über die Heiligkeit im priesterlichen Verhalten und in den Pflichten fest, wobei sich deutlich zeigt, daß Gott für die Priester einen weit höheren Maßstab anlegt als an den Rest des Volkes Israel. Das kann man ganz besonders deutlich bei den Bestimmungen bei Tod und Hochzeit bzw. Ehe erkennen.

Nach biblischer Lehre ist der Tod die Strafe für Sünde (1. Mose 2,17; 1. Mose 3,19; Röm. 5,12; Röm. 6,23) und daher eine Verunreinigung im zeremonialen Sinne. Jemand, der einen Leichnam berührte, wurde für sieben Tage als unrein erklärt (4. Mose 19,11). Gott sah die Reinigung des Volkes durch die Vorschrift über die rote, junge Kuh vor (4. Mose 19,1-10). Es ist interessant festzustellen, daß Gott den Priestern untersagte, Tote zu berühren, es sei denn im Falle von engen Verwandten (3. Mose 21,1-3). Der Hohepriester sollte sogar jede Verunreinigung durch den Tod und Trauer ohne jede Ausnahme vermeiden (3. Mose 21,10-12)! Wir stellen also fest, daß Gottes Maßstab hinsichtlich der Heiligkeit für den Priester ungleich höher anzusetzen ist als für das Volk. Das gleiche gilt für die Ehe.

Entsprechend dem mosaischen Gesetz sollten die Priester keine Frau heiraten, die Hurerei getrieben hatte oder von ihrem Ehemann geschieden war (3. Mose 21,7). Es zu tun, hätte der Priesterschaft Verunreinigung gebracht! In ähnlicher Weise sollte der Hohepriester keine Witwe, keine geschiedene Frau oder keine durch Hurerei verunreinigte Frau heiraten (3. Mose 21,14). Das Gesetz verlangte von ihm, eine Jungfrau aus seinem eigenen Volk zu heiraten, damit seine Nachkommen nicht für den heiligen Dienst unpassend wären (3. Mose 21,14). Während nun solche Einschränkungen und Verbote für die »Laien« des Volkes Israel nicht gemacht werden, sollten die Priester in ihren Eheverhältnissen über jeden Tadel erhaben sein. Während der Zeit der Wiederherstellung unternahm Nehemia Schritte, den Sohn des Hohenpriesters Eljaschib vom Priesterdienst auszuschließen, weil er gegen die levitischen Ehegesetze verstoßen hatte (Nehemia 13,27-29; 3. Mose 21,6-8 und 14-15). Was Verunreinigung durch den Tod und Forderungen für die Ehe angeht, so legt Gott an die geistlich Führenden höhere Maßstäbe als an die, die geführt werden. Dies gilt für Sein Volk. Diese Feststellung wird weiter illustriert in der Forderung an die Priester, sich des Gebrauchs alkoholischer Getränke ganz zu enthalten, wenn sie in der Stiftshütte dienen (3. Mose 10,9; Hesekiel 44,21). Man beachte sehr wohl auch die Worte des Königs Lemuel in Sprüche 31,4-5: »Nicht für Könige ziemt es sich... Wein zu trinken, noch für Fürsten, zu fragen: Wo ist starkes Getränk? damit er nicht trinke und des Geschriebenen vergesse und verdrehe die Rechtssache aller Kinder des Elends.«

Nicht jeder ist geeignet, Gottes Volk zu führen!

Das Alte Testament schafft den Präzedenzfall in der Forderung, daß die Priester, die geistlichen Führer des Volkes über jeden Tadel hinsichtlich ihrer Ehe erhaben sein sollen. Dieses Prinzip eines hohen Ehestandards für geistliche Führer im Alten Testament entspricht sehr wohl den Eheanforderungen, die Paulus an die Ältesten und Diakone im Neuen Testament richtet.

Die Anforderungen des Neuen Testamentes

»Der Aufseher nun muß untadelig sein, **eines** Weibes Mann, nüchtern, besonnen, sittsam, gastfrei, lehrfähig;«

1. Timotheus 3,2

»Die Diener seien **eines** Weibes Mann, die ihren Kindern und den eigenen Häusern wohl vorstehen;«

1. Timotheus 3,12

»Wenn jemand untadelig ist, **eines** Weibes Mann, der gläubige Kinder hat, die nicht eines ausschweifenden Lebens beschuldigt oder zügellos sind.«

Titus 1,6

In 1. Tim. 3,1-13 und Titus 1,5-9 legt Paulus die Qualifikationen für biblische Gemeindedienste der Ältesten (oder Aufseher) fest, ebenso wie die der Diakone. In 1. Tim. 3,1 bezieht er sich auf den Dienst des Aufsehers, während er die in Titus 1,5 geforderten Eignungen auf die Dienste der Ältesten anwendet. Eine genaue Prüfung von Apostelgeschichte 20,17 und 28 enthüllt deutlich, daß die beiden Begriffe gleichbedeutend für die öffentlich erkannten geistlich Führenden in einer Versammlung verwendet werden. Während der Begriff »Aufseher« die Aufgaben im Dienst — die Aufsicht — betont, so stellt der Begriff »Älteste« die Würde und Reife des Dienstes besonders heraus. Es ist interessant zu sehen, daß der heute am meisten gebrauchte Begriff »Pastor« (in den verfaßten Kirchen und Freikirchen) in Verbindung mit den christlichen Versammlungen des Neuen Testamentes, nicht gebraucht wurde. Der für einen mit einer besonderen Gabe ausgestatteten Mann, nicht für den Dienst oder gar Amt, ist wörtlich »der Hirte«, so wie es in Eph. 4,11 steht.

Der »Erzhirte« ist Christus (1. Petr. 5,4). Der Dienst der Ältesten schließt die Aufsicht über die Geschwister einer örtlichen Versammlung ein und beinhaltet das Achthaben auf die Herde (Apg. 20,28), das Beschützen der Herde (Apg. 20,19-31), das Vorstehen (1. Tim. 5,17), das Lehren (1. Tim. 3,2; Titus 1,9) und den Besuch der Kranken und in Leid befindlichen Geschwister und der Witwen und Waisen (Jak. 1,27; Jak. 5,14-15).

Es ist bedeutsam zu erkennen, daß der Apostel in 1. Tim. 3,1-13 und Titus 1,5-9 die Qualifikation für den Dienst herausstellt, nicht jedoch Ziele oder Zielsetzungen angibt, die die in Dienst stehenden Brüder ansteuern sollen. Das geht aus den Feststellungen des Paulus hervor: »Der Aufseher nun muß ... sein« (1. Tim. 3,2). Der Bedingungssatz (»wenn ...«) in Titus 1,6 bedeutet, daß nur diejenigen, die dem geforderten geistlichen Standard entsprechen, diesen Dienst ausführen können. Außerdem sollte betont werden, daß diese Verse **Minimalforderungen** darstellen, nicht jedoch Qualitätsmerkmale. Diese grundlegenden Qualifikationen für den Ältestendienst dienen dazu, Timotheus in Ephesus und Titus in Kreta in die Lage zu versetzen, geistliche Führerschaft unter Gläubigen an diesen Orten zu benennen. Nicht alle Männer entsprechen diesen Forderungen, und während Gott nun solche Männer in anderen Bereichen des christlichen Dienstes gebrauchen kann, so sind sie für den Dienst als Älteste und Diakone biblisch nicht qualifiziert. Die erste Qualifikation, die Paulus gibt, ist die, daß der Älteste über jeden Tadel erhaben sein muß, untadelig in seinem Ruf als Christ, so daß kein Bereich seines Lebens Kritik auslösen oder irgendwie einen Verletzungspunkt aufweisen dürfte. Weiter lehrt Paulus, daß der Älteste »Mann einer Frau« sein müsse (1. Tim. 3,2; 3,12; Titus 1,6). Dieser kurze Satz ist auf vielerlei Weise ausgelegt worden und hat manche Diskussion über sich ergehen lassen müssen. Im Griechischen steht der Begriff Mann ohne das Geschlechtswort »der« und gewinnt somit eine qualitative Betonung. Es könnte sehr wohl auch mit »ein eine-Frau-Mann« wiedergegeben werden. Was nun meint die Qualifizierung für den Dienst eines Aufsehers oder Diakons genau?

1. Ausschluß von verheirateten Männern?
Bei dem Versuch die römische Lehre vom Zölibat für Priester zu verteidigen, haben manche Katholiken argumentiert, daß dies bedeute, daß der Priester mit einer Frau verheiratet sein soll — mit der Kirche. Diese Sicht wird jedoch im Kontext direkt widerlegt, wo wir lesen, daß der Aufseher »seine Kinder in Unterwürfigkeit hält« (3,4). Auch in 1. Tim. 4,3 sagt Paulus, daß das Verbot zu heiraten eine der Lehren der falschen Lehrer ist. Die Ehe ist von Gott eingesetzt und ein ehrbares Verhältnis (1. Mose 2,24; Hebr. 13,4). Bei aller Fairness katholischen Gelehrten gegenüber muß gesagt werden, daß diese Ansicht keine biblische Gründung hat. Es ist eine fast allgemein anerkannte Tatsache, daß der Priesterzölibat ein kirchliches Gesetz ist und erst im Verlauf der Kirchengeschichte erlassen wurde.

2. Ausschluß unverheirateter Männer?
Eine andere Deutung der »Ehemannes einer Frau«-Qualifikation ist die, daß dieser Satz unverheiratete Männer vom Dienst des Aufsehers oder Diakons ausschließt. Paulus jedoch sah nichts Falsches am Stand der Ehelosigkeit, sondern ermunterte geradezu dazu (1. Kor. 7, 7.8.17). In der Tat war ja der Apostel selbst ein Ältester (vgl. 1. Tim. 4,14 mit 2. Tim. 1,6) und war dabei unverheiratet (1. Kor. 7,8)! Wenn die Deutung in sich Schwierigkeiten aufweisen soll, dann müßte ein Ältester verheiratet sein und auch Kinder haben (1. Tim. 3,4).

Doch gibt es keinen Ausleger, der diese Stelle so weit ausdehnen und auslegen möchte.

3. Ausschluß der Vertreter der Vielehen?

Andere Ausleger, wie z.B. Calvin, haben den Ausdruck »eines Weibes Mann« so verstanden, daß er Vielweiberei für Kirchenführer untersage. Zu der Zeit jedoch, als Paulus die Briefe schrieb, war die Vielehe im römischen Reich durch Gesetz verboten. Die Vielehe wurde von Römern und Griechen während der Zeit des Neuen Testamentes nicht praktiziert. Ein zusätzliches Argument gegen diese Sicht ist dies, daß es einer solchen Qualifizierung im Licht der Tatsache nicht bedurfte, daß Paulus solch unmoralisches Verhalten für alle Gläubigen verbot, nicht nur den Ältesten (1. Kor. 7,2).

4. Ausschluß der Doppelt-Verheirateten?

Die vierte Hauptdeutung der Qualifikation für Älteste und Diakone hinsichtlich ihrer Ehe ist die, daß sie Doppelehen verbietet — nämlich zwei — oder mehrfach legal verheiratet zu sein. Entsprechend dieser Sicht würde Scheidung und Wiederheirat, obgleich sie dem bürgerlichen Recht entspricht, einen Mann vom Dienst des Ältesten oder Diakons disqualifizieren. Einige Ausleger haben argumentiert, daß Paulus geschiedene Aufseher gestattet habe. Sie haben den Ausdruck so gedeutet, daß er meine: »eine Frau zu einer Zeit«. Eine solche Qualifikation in die Auslegung einzubauen ist jedoch sinnlos, da praktisch jeder dieser Forderungen nachkommt. Die Sicht, daß die eheliche Qualifizierung für Älteste dem »eine Frau zu einer Zeit« wird auch durch die Forderung widerlegt, daß der Älteste oder Diakon jemand sein soll, der »seinem Haus wohl vorzustehen weiß« (1. Tim. 3, 4 u. 12). Das Unglück von Scheidung und Wiederheirat würde von einer unordentlichen Führung des eigenen Hauses zeugen.

Ich glaube, daß Scheidung und Wiederheirat oder eheliche Untreue, ob vor oder nach der Bekehrung, jemanden vom Dienst des Ältesten oder Diakons disqualifiziert. Das den Söhnen Aarons gegebene Verbot, eine geschiedene Frau zu heiraten (3. Mose 21,7 u. 14), bekräftigt die Lehre des Neuen Testaments, die für Älteste und Diakone höhere Forderungen hinsichtlich ihres Ehestandes stellt. Die speziell sprachliche Konstruktion betont die Qualität oder den Charakter des Individuums als »eine Frau-Ehemann«. Grundsätzlich bezieht sich dies auf eine Ehe — nicht auf eine Scheidung. Dieses »ein« steht gleichsam als Betonung und Kontrast zu der Idee von »viele«. Darüberhinaus läßt sich die Qualifikation auf einen Mann beziehen, der sich ganz seiner Frau gegeben weiß — also keine Untreue! Es bedeutet auch, daß ein Mann seine Augen nicht auf andere Frauen geworfen hat (Matth. 5,28).

Zusätzlich sei vermerkt, daß einige glauben, die Qualifizierung »Ehemann einer Frau« wiederverheiratete Witwer vom Dienst in der Versammlung ausschließe. Diese Sicht wurde von den Kirchenvätern gewöhnlich vertreten. Entsprechend dieser Sicht verlangt die eheliche Qualifikation 1. Tim. 3 von einem Ältesten oder Diakon, daß er nur **einmal** verheiratet sein dürfe. Dies kann aus dem Erfordernis abgeleitet werden, daß die Witwen, die Unterstützung bekamen, »Frau eines Mannes« gewesen sein müßten (1. Tim. 5,9). Der Ausdruck korrespondiert dem »Ehemann einer Frau« und kann in diesem Zusammenhang »nur einmal verheiratet« bedeuten. Da die verzeichneten Witwen nicht ein zweites Mal verheiratete sein durften, würde diese Qualifikation auch der der Ältesten entsprechen.

Der erste, gegen diese Sichtweise vorzubringende Einwand **scheint** vorauszusetzen, daß die Ehe ein notwendiges Übel ist und daß eine Ehe erlaubt ist, während eine zweite Ehe als eine unmoralische Schwäche anzusehen ist. Solche Sichtweise ist deutlich außerhalb der biblischen Harmonie. Die Bibel stellt klar heraus, daß die Ehe gut und ein ehrenhafter Status ist. Jedoch könnte die Qualifikation voraussetzen, ohne daß man die Ehe unterbewertet, daß ein Ältester oder Diakon sich dadurch auszeichnet, daß er sich Christus und Seiner Versammlung ganz verpflichtet weiß (1. Kor. 7, 32-34). Eine zweite Ehe und Familienpflichten könnten die Gelegenheiten zum Dienen für einen Gläubigen sicherlich einschränken. Jemand, der eine zweite Ehe den Gelegenheiten zum Dienst für den Herrn voranstellt, könnte aus biblischer Sicht nicht als für den Dienst eines Ältesten oder Diakons geeignet erscheinen. Ein anderer Einwand gegenüber dieser Sicht ist der, daß Paulus woanders sagte, daß die Wiederheirat nach dem Tod des Ehegatten/Ehegattin gestattet sei (1. Kor. 7,39 und 1. Tim. 5,14). Doch ist dies hier kein Widerspruch, denn das Verbot in 1. Tim. 3 steht in Beziehung zu den Ältesten und Diakonen, während die Worte in 1. Kor. 7,39 und 1. Tim 5, 14 an die Witwen gerichtet sind. Solche Einschränkungen gegenüber einer zweiten Ehe werden auf die Ältesten und Diakone angewendet, deren Führungsverantwortung ihre persönliche Freiheit auf dem Gebiet der Ehe einengen mag.

Einige mögen argumentieren, daß die Qualifikation »Ehemann einer Frau« bedeute, daß es nicht die Scheidung als solche sei, sondern die Wiederheirat, die jemandem vom Dienst des Ältesten oder Diakons ausschließe. Solch ein geschiedener gläubiger Mann könnte sich möglicherweise für den Ältestendienst eignen, wenn er allein bliebe. Hiergegen gibt es wenigstens drei Haupteinwände. Erstens muß der Älteste und Diakon nach 1. Tim. 3,2 und 10 ohne Tadel sein! Obgleich die Lebensumstände sehr unterschiedlich sein können, sind gewöhnlich **zwei** an einer Scheidung beteiligt. Ein geschiedener Mann, obwohl er nachher ledig bleibt, würde wahrscheinlich nicht ohne Tadel sein.

Zweitens müssen Älteste und Diakone Männer sein, die ihrem Haus wohl vorzustehen wissen (1. Tim. 3,4-5 und 12). Scheidung würde sicherlich ein Beweis dafür sein, daß jemand seinem Haus nicht wohl vorzustehen weiß.

Drittens sagt Paulus mit Bezug auf die Diakone: »Die Frauen desgleichen würdig, nicht verleumderisch, nüchtern, treu in allem« (1. Tim. 3,11). Es gibt zwar Debatten darüber, ob sich dieser Vers auf Diakonissen oder die Frauen der Diakone bezieht. Ich finde jedoch genügend Gründe zu zweifeln, daß es in der frühen Kirche »Diakonissen« gegeben hat. Dieser Vers scheint anzudeuten, daß die Frauen der geistlichen Führer beispielhaftes Verhalten zeigen und treu in allen Dingen sein sollten. Somit würde eine Frau, die ihrem Ehegelübde untreu wäre, ihren Ehemann für eine bestimmte Stellung in der Versammlung disqualifizieren. Es ist schon bemerkenswert, welch positive oder negative Wirkung eine Frau auf den Dienst ihres Mannes haben kann!

Schlußfolgerung und Anwendung

Eine Untersuchung sowohl des Alten wie auch des Neuen Testaments enthüllt, daß Gott bestimmte eheliche Eignungen für die geistlichen Führer Seines Volkes festgelegt hat. Das Prinzip dieses hohen Ehestandards für die alttestamentlichen Priester (3. Mose 21,7. 14.15) entspricht recht genau den Ehequalifikationen, die der Apostel Paulus im Neuen Testament für die Ältesten und Diakone aufgestellt hat (1. Tim. 3,2 u. 12; Titus 1,6). Die Ältesten und Diakone des Neuen Testamentes müssen »Mann einer Frau« sein — und zwar nur einmal verheiratet. Einer, der geschieden wurde und sich wieder verheiratet, würde als ungeeignet angesehen, möglicherweise auch der wiederverheiratete Witwer. Die geistliche Forderung würde sicher auch so weit gehen und denjenigen als nicht geeignet erscheinen lassen, der seiner Frau nicht ganz gehört, sondern seine Augen auch anderen Frauen zuwendet. Zugegeben, der Standard ist sehr hoch, aber sollten Gott und die christliche Gemeinde von denen weniger erwarten, die im Leib Christi geistliche Führung geben sollen.

Wie steht es nun im Fall des Brian, der eine geschiedene Frau heiratete und doch einen geistlichen Dienst versehen möchte? Welchen Rat könnten wir ihm erteilen? Während er der Forderung »Ehemann einer Frau« sehr wohl entspricht, so würde er dennoch nicht untadelig sein. Der Herr Jesus sagt in Lukas 16,18: »Jeder, der seine Frau entläßt und eine andere heiratet, begeht Ehebruch; und jeder, der die von einem Manne Entlassene heiratet, begeht Ehebruch.« Da die von Gott eingesetzte Ehe lebenslang gilt, würde die Heirat einer geschiedenen Person Eingang in eine existierende Ehe und demnach also Ehebruch bedeuten. Das bedeutet für Brian, daß er nach der klaren Lehre der Heiligen Schrift für einen Dienst biblisch nicht qualifiziert, d.h. nicht geeignet ist.

Ich habe einmal die Ansicht vertreten, daß Scheidung und Wiederheirat jemanden vom Dienst eines Ältesten und Diakons ausklammert, daß er jedoch akzeptiert werden könne, wenn er — ohne Ältester oder Diakon zu sein — inoffiziell Funktionen in dieser Richtung ausübe. Mit anderen Worten, eine geschiedene Person kann nicht Ältester sein, aber kann Gemeindegründer oder Lehrer in einer Gemeinde oder Bibelseminar sein. Wegen dieser Sicht bin ich bei verschiedenen Anlässen herausgefordert worden und muß eingestehen und zugeben, daß ich zu sehr den Buchstaben des Gesetzes gegenüber der neutestamentlichen Lehre betont habe. Es ist sicher, daß Gott für solche, die Ältestendienste tun, hohe Ehemaßstäbe anlegt und zwar für die, die als solche Ältesten erkannt werden und auch für die, die Ältestendienste in nicht öffentlicher Weise tun. Zum Beispiel habe ich die Aufgabe als lehrender Ältester mit Aufsicht über junge Männer und Frauen in der Bibelschule zu fungieren, obwohl ich nicht Ältester in einer örtlichen Gemeinde bin. Jetzt bin ich davon überzeugt, daß es wohl nur einen geringen Unterschied zwischen »Dienst« und »Funktion« im Zusammenhang mit den Qualifikationen für Älteste und Diakone gibt. Während ich als Ältester fungiere, müssen Gottes Ehemaßstäbe auf mich genauso gut angewendet werden.

Ich würde Brian raten und ermutigen, seine Aufgaben im Dienst für den Herrn woanders zu sehen, nicht jedoch Ältester oder Diakon zu sein. Scheidung und Wiederheirat engen den Wirkungskreis eines Christen hinsichtlich des Dienstes ein, disqualifizieren aber einen Christen nicht für Dienste am Leibe Christi insgesamt. Es gibt Möglichkeiten genug für einen Christen, seine geistlichen Gaben auszuüben und zwar außerhalb des Dienstes als Ältester oder Diakon.

Fragen

1. Wer war ein Priester, der entsprechend dem alttestamentlichen Gesetz von der Heirat ausgeschlossen war?
2. Welches Licht wirft das Alte Testament auf Gottes Maßstäbe für die geistlichen Führer Seines Volkes?
3. Welchen Beweis gibt es dafür, daß die Begriffe »Ältester« und »Aufseher« für den gleichen Dienst in der Gemeinde stehen? Was betont jeder Begriff für sich genommen?
4. Sind die in 1. Tim. 3,13 und Titus 1,5-9 dargelegten Eigenschaften Qualifikationen für den Dienst oder die Ziele für die, die im Dienst stehen und kämpfen sollen? Warum?
5. Fasse kurz die vier Hauptinterpretationen der Aussage »Mann einer Frau« zusammen. Warum ist es unwahrscheinlich, daß Paulus mit der Qualifikation den Ausschluß derjenigen Männer vom Dienst meinte, die mehrere Frauen hatten?
6. Was bedeutet »Doppelt-Verheiratetsein?« Warum ist es höchst unwahrscheinlich, daß Paulus einem geschiedenen Manne erlaubt hätte, den Dienst eines Ältesten oder Diakons zu versehen?
7. Würde die Aussage »Mann einer Frau« wiederverheiratete Witwer vom Dienst ausschließen? Warum oder warum nicht?

8. Würde ein geschiedener Mann, der sich nicht wieder verheiratet hat, den biblischen Eigenschaften für den Dienst entsprechen? Erkläre Deine Antwort!

IX. Antworten auf allgemeine Einwände

Wenn ich meine Ansichten über Scheidung und Wiederheirat den Schülern, die ich lehre, mitgeteilt habe, habe ich oft bemerkt, daß nicht alle mit meiner Position einverstanden waren. Dann lächle ich und sage: »Ich bitte euch nicht zuzustimmen, aber ihr solltet doch die Argumente für diese Position kennen, um das Examen zu bestehen.« Auch von meinen Lesern erwarte ich nicht, jedes Jota und i-Pünktchen meiner Deutung der kritischen Passagen blind zu akzeptieren. Alles, worum ich euch bitte aber ist, daß ihr dieses Thema der Scheidung und Wiederheirat von der Bibel her unter Gebet und wohlüberlegend angeht. Vielleicht habt ihr einige Einwände gegenüber der von mir dargestellten Lehre in den vorausgegangenen Kapiteln. Das folgende Kapitel habe ich deshalb gerade für euch konzipiert.

Während des Lesens und Nachdenkens bin ich von der Richtigkeit der dargelegten Ansichten dieses Buches überzeugt worden. Doch habe ich dieses Verständnis nicht »über Nacht« gewonnen. Früher vertrat ich recht milde Ansichten über Scheidung und Wiederheirat und erhob Einwände gegen solch strenge Ansichten, wie ich sie jetzt vertrete. Seid daher ermutigt, ich habe früher genauso gedacht, wie ihr jetzt vielleicht! Diese Sicht ist nicht frei von Problemen. Es gibt legitime Einwände, die eine Antwort verdienen.

Gottes »Scheidung« von Israel

Während nun Stellung für die Position, daß Scheidung und Wiederheirat vom Dienste eines Hirten (Pastors) oder Diakons nicht disqualifiziere, mit dem Hinweis darauf bezogen wird, daß Gott selbst eine »Scheidung« gehabt habe, somit also ein Christ, der ein ähnliches Unglück in der Ehe erfahren habe, vom Dienst nicht disqualifiziert werden dürfe, so muß hier die Frage aufgeworfen werden: Wie kann diese göttliche »Scheidung« von Israel auf die heutige Problematik von Scheidung und Wiederheirat angewendet werden?

Der Prophet Hosea versah seinen Dienst während der Zeit eines geistlichen Tiefs in der Geschichte Israels. Seine Weissagung ist ein Zeugnis gegen das nördliche Königreich und zwar hinsichtlich seines geistlichen Ehebruchs und der moralischen Verderbtheit. Gerade die »Ehe« mit dem untreuen Volk ist eine lebendige Illustration von Israels Untreue und Gottes unauflöslicher Liebe zu Seinem Volk. In Hosea 2,2 wird den einzelnen Gliedern dieser Nation befohlen, mit ihrer »Mutter« zu streiten, d.h. mit der abtrünnigen Nation Israel. Der Herr erklärt dann: »Sie ist nicht meine Frau, und ich bin nicht ihr Ehemann«. Um was es Gott hier geht, ist dies: So wie Ehebruch die Ehe zerstört, so tut es auch der Götzendienst in Bezug auf das innige und einzigartige Verhältnis zwischen Gott und Seinem Volk. Doch im gleichen Kapitel verspricht Gott, daß das Verhältnis zwischen Ihm und Seinem Volk erneuert wird. Diese Erneuerung wird im Bild der Ehe geschildert (Hosea 2,19 und 20). Dreimal wird gesagt, daß Gott sich Israel wieder verloben wird. Das wird natürlich dann geschehen, wenn Israel als Volk errettet sein wird (Röm. 11,26).

Später erklärt der Herr durch den Propheten Jeremia hinsichtlich des Nordreiches: »Und ich sah, daß ich die abtrünnige Israel, weil sie die Ehe gebrochen, entlassen und ihr einen Scheidebrief gegeben hatte...« (Jer. 3,8). Wegen der Gesetzesübertretungen des mosaischen Bundesvertrages seitens des nördlichen Königreiches schickt Gott sein Volk in Exil (722 vor Chr.). Sie waren getrennt oder »geschieden« vom Land selbst, von dem Tempel und den Anbetungseinrichtungen Israels. Diese »Scheidung« jedoch war gewiß eher bildlicher als wörtlicher Art, denn einige Verse später erklärt Gott: »Kehret um, ihr abtrünnigen Kinder ... denn ich habe mich ja mit euch vermählt«. Durch den Propheten Jesaja stellt der Herr heraus, daß Israels Trennung von Gott eine Folge der Sünde des Volkes war, und nicht weil Gott sie verlassen hatte. Der Herr fragt: »Wo ist der Scheidebrief eurer Mutter, mit dem ich sie entließ?« (Jes. 50,1). Auf diese Frage erwartet man eine negative Antwort. Gott hat Seine Beziehung mit Israel nicht aufgelöst. Er verwendet nur ganz einfach das Bild der Scheidung, um zu beschreiben, wie dieses Verhältnis durch Israels Abtrünnigkeit verdorben wurde — durch seinen geistlichen Ehebruch.

Im Alten Testament finden wir die abtrünnige Nation Israel als eine ehebrecherische Frau personifiziert (Jer. 3,1 und 3-10; 4,30; Hesekiel 16 und 23). So wie eine ehebrecherische Frau ihrem Ehemann gegenüber untreu ist, so ist Israel seinem Herrn gegenüber untreu. Hosea sagt, daß diese Abtrünnigkeit das Verhältnis zwischen Gott und Israel getrennt habe (Hosea 2,2). In Jeremia erklärt Gott, daß Er Israel einen Scheidebrief gegeben habe, während Er in einem anderen Kontext die Existenz eines Scheidebriefes in Frage stellt (Jeremia 3,8; Jes. 50,1).

Offensichtlich wird der Begriff »Scheidung« in einem übertragenen, biblischen Sinn verwendet, wenn er dazu benutzt wird, das Verhältnis Gottes zu Israel zu beschreiben. Der bildliche Ausdruck dient dazu, die Lage des Verhältnisses Israels zu Gott zu illustrieren, die aus der Abtrünnigkeit des Volkes resultiert. Es ist tatsächlich so, daß das Verhältnis zwischen Gott und Israel nie aufgelöst werden kann und zwar deshalb nicht, weil der Bundesvertrag mit Abraham besteht. Gott hat sich selbst ohne Bedingung und ganz einseitig an das Volk Israel gebunden.

Das Bild (Metapher) der Scheidung, das zur Beschreibung der Beziehung Gottes zu Israel dient, wurde nicht dazu ersonnen, um Gottes Zustimmung zur Scheidung als gangbaren Weg bei Eheschwierigkeiten zu signalisieren. Dies würde eine sehr unkorrekte Anwendung dieses Bildes sein, denn sie widerspräche der klaren Lehre der Schrift, die sich ja direkt zu dieser Frage äußert. Da Gottes »Scheidung von Israel« bildlich zu verstehen ist, kann sie nicht bedeuten, daß ein geschiedener Christ für den Dienst eines Ältesten oder Diakons biblisch gesehen qualifiziert ist.

Die Bedeutung von »Apoluó«

Es wird bisweilen so argumentiert, daß die im Alten und Neuen Testament verwendeten Wörter für Scheidung den Gedanken der Auflösung mit dem Recht zur Wiederheirat für beide Partner beinhalten. Zugegeben, das hebräische Wort für Scheidung (kerithuth) ist wörtlich »ein Abschneiden« und ein Scheidebrief war ein »Brief des Abschneidens«. Das griechische Wort für Scheidung (apoluó) bedeutet »freisetzen« oder »freigeben«, »entlassen«. Wie auch immer, während die biblischen Wörter für »Scheidung« »abschneiden« oder »freisetzen« bedeuten mögen, so löst eine legale Scheidung die Eheunion im absoluten Sinn vor Gott jedoch nicht auf. Ich will das erklären.

Der Text- und Sinnzusammenhang ist immer der Schlüssel für die Bedeutung eines Wortes. Die Grundlehre des Herrn Jesus ist die, daß eine **gesetzmäßige/legale** Scheidung und eine **gesetzmäßige/le-**

gale Wiederheirat **biblischer** Ehebruch ist — außer im Falle von **Hurerei.** In anderen Worten: während eine Ehe gesetzmäßig geschieden wird, existiert sie in den Augen Gottes weiter als lebenslange Einheit und tut das, auch wenn eine Scheidung stattgefunden hat. Das geht aus den Worten Jesu in Lukas 16,18 ganz klar hervor: »Jeder, der seine Frau entläßt und eine andere heiratet, begeht Ehebruch«. Beachte, daß dies eine ganz allgemeingültige Aussage ist. Der Herr sagt »jeder«. Scheidung löst die Ehe nicht auf, sonst würde der Herr nicht gelehrt haben, daß Wiederheirat im Ehebruch mündet.

Daher findet Ehebruch dann statt, wenn sich eine geschiedene Person wieder verheiratet, denn die ursprüngliche Eheeinheit wird durch das Eindringen einer dritten Person verletzt. Nur im Falle von **porneia** — einer Ehe innerhalb der dafür verbotenen Verwandtschaftsgrade — könnte die Ehe in einem absoluten Sinn aufgelöst werden. Die Schrift lehrt klar, daß die Ehe eine lebenslange Beziehung ist, die bis zum Tode bindet (Röm. 7,2-3; 1. Kor. 7,39).

Die »Ehemänner« der samaritanischen Frau

In der Argumentation, daß eine gesetzmäßige Scheidung die Auflösung der Ehe mit dem Recht beider Partner auf Wiederheirat beinhalte, wird immer darauf hingewiesen, daß der Herr Jesus die Legalität der fünf Ehen der Samariterin anerkannt habe (Joh. 4,18). Es stellt sich die Frage, ob die Verwendung des Begriffes »Männer« durch den Herrn tatsächlich Seine Anerkennung und Billigung der fünf Ehen bedeutet.

In Seiner Unterredung mit der Samariterin am Brunnen lenkt der Herr Jesus diese Frau auf ihre Sünde und die Notwendigkeit von Buße und Reue hin. Durch Seine Worte in Joh. 4,17-18 enthüllt der Herr, daß Er alles über ihre Vergangenheit weiß. Er weiß, daß sie **fünf** Ehemänner gehabt hat und daß der Mann, mit dem sie jetzt lebt, nicht ihr legaler Ehemann ist! Es gibt keine Begründung dafür zu zweifeln, daß diese fünf Ehen entsprechend dem rabbinischen Gesetz legal waren. Die lasche Handhabung der Ehegesetze zur Zeit Christi erklären wahrscheinlich die fünf Ehen dieser Frau. Während eine Frau ihren Mann nach dem jüdischen Gesetz nicht entlassen durfte, konnte sie doch unter gewissen Umständen zum Gericht gehen, um ihren Mann zu zwingen, sie zu entlassen oder ihn sogar bezahlen, damit er die Scheidung von sich aus gewähre. Theoretisch gab es keine Begrenzung für die Anzahl der Ehen, was das rabbinische Gesetz anging, doch sahen die Rabbiner zwei oder höchsten drei Ehen als das Maximum für eine Frau an.

Die lockeren Scheidungs- und Wiederheiratsgesetze der Juden im ersten Jahrhundert stehen in starkem Kontrast zu der Lehre des Herrn Jesus, der die Ehe als lebenslanges Bündnis bestätigte und sagte, daß sie nicht gebrochen werden dürfe (Matth. 19,6; Markus 10,9) und daß Scheidung und Wiederheirat den Ehebruch ausmachen — außer im Fall von **porneia**. Offensichtlich stehen die Lehren Jesu ganz im Gegensatz zu der Praxis der Samariterin. In Joh. 4,18 sagt der Herr zweifellos: »Du bist mit fünf Männern verheiratet gewesen, als Gottes Plan nur einen Mann für dein Leben vorsah und jetzt hast du noch mit einem sechsten zu tun«. Diese Aussage wurde mit der Absicht gemacht, die Frau auf ihre Sünde und die Notwendigkeit hinzulenken, in Christus ihr Heil zu finden. In keiner Weise kann man von einer Anerkennung der fünf Ehen durch den Herrn Jesus sprechen. Ganz im Gegenteil, Er hat sie verurteilt. Sie mögen im Einklang mit dem jüdischen Gesetz gewesen sein, sie waren aber nicht rechtens entsprechend der göttlichen Offenbarung! Der Herr Jesus anerkannte nicht die »Auflösung« der Ehe durch Scheidung durch Seinen Verweis auf die fünf Männer der Samariterin. Er deckte ihre Sünde auf, so daß sie von ihrem Fehlverhalten überzeugt werden konnte, von dem sie in ihrem Herzen schon wußte, daß es falsch war.

Die »göttliche Vorsorge« für Wiederheirat

Bei der Betrachtung der Lehre Moses hinsichtlich Scheidung und Wiederheirat in 5. Mose 24,1-4 wird bisweilen argumentiert, daß Scheidung die Ehe nicht auflöse, denn Gott erlaube Wiederheirat und die in der Wiederheirat geborenen unehelichen Kinder. Der Schüssel für die Entgegnung auf diesen Einwand bedeutet die Anerkennung der Tatsache, daß 5. Mose 24 nicht die Scheidung institutionalisiert, sondern sie bloß als eine schon bekannte und existierende Praxis behandelt. Die von Mose erlassenen Gesetze waren dazu gegeben, die abgewiesene Frau zu schützen und ihr gewisse Sicherheiten und Freiheit gegenüber der Einmischung ihres früheren Ehemannes im Falle einer nachfolgenden Heirat zu garantieren. Diese Stelle spricht über einen besonderen Fall der Wiederheirat nach einer zweiten Ehe. Mose sagt, daß ein Mann seine frühere Frau nicht wieder heiraten dürfe, wenn sie in der Zwischenzeit einen anderen Mann geheiratet habe (5. Mose 24,3-4). Sogar wenn ihr zweiter Ehemann sie entlassen oder selbst sterben würde, dürfe sie unter keinen Umständen zu ihrem ersten Ehemann zurückkehren. Dies zu tun würde ein Greuel vor dem Herrn sein und Verunreinigung durch die Sünde über das Land bringen. Ganz offensichtlich fanden Scheidung und Wiederheirat in der Zeit Moses statt und von daher ist es verständlich, daß diese Gesetzgebung als Antwort auf bestimmte Bedürfnisse gegeben wurde. Entsprechend der Lehre des Alten Testaments fanden Scheidung und Wiederheirat jedoch nicht Gottes Zustimmung.

Der Prophet Maleachi berichtet Gottes Worte: »Denn ich hasse Scheidung« (Kap. 2,16). Gott sieht sicher nicht stillschweigend im 5. Buch Mose über das hinweg, was er in Maleachi klar verurteilt. Wir unterscheiden an diesem Punkt zwischen Gottes nachgiebigem Willen und Gottes prinzipieller Ansicht, zwischen dem, was Er gestattet und dem, was Er vorschreibt. Scheidung und Wiederheirat wurden während des Alten Testaments von Gott zugelassen, aber nicht vorgeschrieben, erlaubt, aber nicht befohlen. Scheidung und Wiederheirat stehen Gottes ursprünglichem Plan für die Ehe diametral entgegen (1. Mose 2,24) und auch der Lehre des Herrn, daß die Ehe nicht getrennt werden solle (Matth. 19,6 u. Mark. 10,9). Scheidung ist nach den Worten des Herrn auf die sündige und hartherzige Zurückweisung von Gottes Plan zurückzuführen, der eine Ehe als bis zum Tode andauernd vorgesehen hatte (Matth. 19,8; vgl. 1. Kor. 7,39).

Bei fortschreitender Enthüllung verstehen wir, warum Gott in 5. Mose 24 nicht erklärte, daß Scheidung und Wiederheirat in den Ehebruch führe. Gott hat sich selbst fortschreitend zu erkennen gegeben ebenso wie auch Seinen Plan für die Welt. Es waren 1500 Jahre, in denen Gott die großen Lehren über Rettung, das Wesen des Menschen und über die letzten Dinge enthüllte.

Genauso sehen wir auch eine zunehmende Offenbarung der Haltung Gottes zur Scheidung. Im 1. Buch Mose Kap. 2,24 legte Gott Seinen Plan für die Ehe offen — **eine** Frau lebenslang. Nach dem Sündenfall wandte sich der Mensch von Gottes Plan ab und richtete Scheidung und Wiederheirat ein. In 5. Mose 24,1-4 versuchte Gott, die um sich greifende Scheidung zur Zeit Moses einzudämmen und wies Wiederheirat in bestimmten Situationen zurück. In Maleachi 2,16 enthüllte Gott Seinen Haß auf Scheidung. Durch den Herrn Jesus ließ Gott deutlich werden, daß Scheidung und Wiederheirat in den meisten Fällen Ehebruch konstituiert (Matth. 19,1-12; Mark. 10,1-12; Lukas 16,18). Schließlich bestätigt Paulus die Lehre des Herrn Jesus und fügt noch Belehrungen für die Geschiedenen hinzu — bleibe ledig oder versöhne dich (1. Kor. 7,10-16). Gott hat die ganze Wahrheit nicht auf einmal offenbart, sondern enthüllt Seine Wünsche für Sein Volk **nacheinander** und zwar in dem Maße, wie weitere Belehrungen notwendig wurden. Mose legt die Grundlagen; der Herr Jesus führt uns zum Schlüsselverständnis; Paulus gibt uns die Einzelheiten.

Scheidung und Wiederheirat werden im Alten Testament niemals »Ehebruch« genannt (obwohl Gott diese als »Treulosigkeit« in Mal. 2,10-16 etikettiert). Scheidung und Wiederheirat stehen trotzdem Gottes Eheplan entgegen. Sie beinhalten Sünde, denn sie werden ja von Gott gehaßt. Scheidung und Wiederheirat wurden vom **Volk** Israel anerkannt, fanden aber nie die Zustimmung des **Gottes** Israels. Nach rabbinischem Gesetz löste Scheidung die Ehe tatsächlich auf und die Erlaubnis zur Wiederheirat war miteingeschlossen. Entsprechend der Lehre Christi löst die legale Scheidung die Ehe aber nicht auf, und Wiederheirat konstituiert Ehebruch. Die fortschreitende Enthüllung dieser Lehre hilft uns, den Unterschied zwischen dem, was im Alten Testament berichtet und dem, was im Neuen Testament gefordert wird, zu verstehen. Gottes Haltung zur Scheidung hat sich nie geändert, doch ist Seine Offenbarung Seiner Handlungsweise bezüglich Scheidung und geschiedener Personen eine sich fortsetzende.

Die Notwendigkeit der Lebenserfüllung

Neulich bot sich mir die Gelegenheit, meine Ansichten zur Scheidung und Wiederheirat einem meiner Freunde, einem Pastor vorzutragen. Sein erster Einwand war, daß er meinte, meine Ansichten seien nicht auf das Leben seiner Gemeindemitglieder anzuwenden. Der Angelpunkt seines Denkens war der, daß Gott Christen als erfüllte Menschen sehen wolle, und daß geschiedene Menschen, die die Ehe ersehnen, nicht ausgefüllt und zufrieden seien, wenn sie keinen Ehepartner und keine Familie hätten.

Als Antwort auf diesen Einwand möchte ich wieder bemerken, daß eine textgetreue Auslegung der Worte über die Scheidung in der Anwendung nicht einfach sein wird, weil sie ganz klar bedeutet, daß einige Leute, die geschieden werden wollen, verheiratet bleiben müßten und andere, die wieder heiraten wollen, ledig bleiben müßten. Manche Leute denken, daß sie als Ledige ohne Partner, wie die Ehe sie bietet, ein nicht »ausgefülltes« Leben führen können. Doch, **wo in der Bibel wird das Leben als Verheiratete gleichgesetzt mit christlicher Lebenserfüllung?** Hat der Apostel Paulus nicht das Leben im ledigen Stand bevorzugt, da es eine ungeteilte Hinwendung zu Gott ermöglicht (1. Kor. 7,7 und 32-35)? Es ist wichtig, sich daran zu erinnern, daß Christus demjenigen, der sich Ihm anvertraut, ein »überreiches« Leben verspricht (Joh. 10,10). Er versprach aber niemals Glück und all das andere, was wir vielleicht gern haben möchten. Es ist geradezu umgekehrt: Christus versprach Schwierigkeiten, Verfolgung und Feindschaft von der Welt (Joh. 15,18-25; 16,1-4). Christ zu sein und der Lehre des Herrn zu folgen ist nicht einfach. Das alles verlangt Mut und Verbindlichkeit. Doch wie Paulus selbst findet ein verantwortlicher und verbindlicher Christ die Gnade des Herrn als ausreichend, um ihn durch die Schwierigkeiten, Versuchungen und Prüfungen des Lebens hindurchzubringen (2. Kor. 12,9).

Gottes Befehle sind auch Seine Möglichkeiten! Wenn Du aufgrund einer Scheidung ledig bist, dann wisse, daß Gott Dich erhalten und Dich als Ledige(r) leiten wird. Passe die Lehren der Bibel nicht an die Tageserfordernisse an, um die Wiederheirat zu rechtfertigen, nur um »ausgefüllt« zu sein. Wisse auch, daß das Leben im Ledigenstand eine ausfüllende, erfüllende Erfahrung für Dich sein kann, wenn Du Gott gehorchst und Ihm zutraust, daß Er Dich befähigen kann für Ihn zu leben.

Zusammenfassung und Schlußfolgerung

In Johannes 8,31-32 sagte der Herr Jesus zu denen, die an Ihn glaubten: »Wenn ihr in meinem Worte bleibt, so seid ihr wahrhaftig meine Jünger; und ihr werdet die Wahrheit erkennen, und die Wahrheit wird euch freimachen«. Diese Worte haben mich sehr ermutigt, als ich Gottes Weisheit in vielen bedeutenden Lebensfragen gesucht habe. Die Befolgung der Lehre Christi wird erweisen, ob wir echte Jünger Jesu sind und wird die Tür zu Gottes Wahrheit öffnen, die echte geistliche Freiheit bringt. Jünger Jesu haben keinen Grund, die Wahrheit zu fürchten. Aus diesem Grund zögere ich nicht, immer wieder meine eigenen Überzeugungen in gewissen Lehrfragen zu überprüfen und frage mich, ob meine Annahmen mit den Lehren der Bibel in Übereinstimmung sind. Einwände gegen besondere Ansichten zu erheben ist gesund und hilfreich; denn wenn den Einwänden angemessen begegnet werden kann, wird die jeweilige Ansicht bestärkt. Ist das nicht der Fall, dann ist weiteres Nachforschen in Verfolgung der Wahrheit notwendig. Glücklicherweise sind wir bei dieser Suche nicht allein, denn Gott hat uns Seinen Heiligen Geist gegeben sowie begabte Lehrer, die uns die Wahrheit des Wortes Gottes zu verstehen helfen (Joh. 16,13; Eph. 4,11). In diesem Kapitel habe ich versucht, die Haupteinwände gegen das, was ich für die biblische Lehre über Scheidung und Wiederheirat halte, zu entkräften. Vielleicht konnte ich nicht allen aufgeworfenen Fragen nachgehen, wenn aber die wesentlichen Positionen angemessen behandelt wurden, dann werden wohl die weniger gewichtigen Argumente diese Positionen nicht erschüttern.

Die klare Lehre des Wortes Gottes ist, daß Ehe von Gottes Seite her als lebenslange Einheit von Ehemann und Ehefrau zu begreifen ist. Während Scheidung im Alten wie im Neuen Testament stattfinden, haben sie doch niemals die Zustimmung Gottes gefunden. Scheidung und Wiederheirat sind etwas, was Gott haßt. Es ist ein Widerspruch in sich selbst, zu sagen, daß Gott geflissentlich das übersieht, was er in Seinem Wort klar verurteilt. Das ist also etwas ganz Unmögliches für einen sich nie ändernden Gott. Während es einige Einwände gegenüber der »keine Scheidung«-Position dieses Buches gibt, so sind sie dennoch nicht ohne vernünftige Antworten geblieben. Einige, die solche Einwände erheben, versuchen nur ihre eigenen Handlungen oder die anderer zu rechtfertigen. Solche Einwände untergraben in keiner Weise die klare und autoritative Lehre des Wortes Gottes, daß die Ehe eben für ein Leben währt!

Fragen

1. Haben Sie jemals einen Lehrsatz oder Lehre von Anfang her abgewiesen, die Sie dann später als richtig und wahr erkannten? Nehmen Sie ein Beispiel.

2. Welche Sicherheit hat der Gläubige, daß man Gottes Wahrheit kennen (wissen) kann (Joh. 16,13; 17,17)? Welche Werkzeuge gebraucht Gott, um uns zur Kenntnis Seiner Wahrheit zu bringen?

3. Warum ist es gesund und nützlich, etwas noch einmal zu durchdenken, zu bewerten oder sogar auch Einwände zu erheben gegen bestimmte Doktrinen, die man uns gelehrt hat?

4. Bedeutet Gottes »Scheidung« von Israel, daß eine geschiedene Person vom Dienst eines Ältesten oder Diakons nicht ausgeschlossen werden sollte? Ist das Bild (Metapher) der Scheidung verwendet worden, um Gottes Zustimmung zur Scheidung als einen gangbaren Weg für die zu finden, die eheliche Schwierigkeiten durchmachen?

5. Bedeutet das griechische Wort für Scheidung die völlige Auflösung der Ehe mit dem Recht zur Wiederheirat für beide Partner? Warum, warum nicht?

6. Schließt der Begriff »Ehemänner« durch den Herrn Jesus in Joh. 4,18 Seine Anerkennung und Zustimmung zu den fünf Ehen der Samariterin mit ein? Erklären Sie Ihre Antwort.

7. Inwiefern hilft uns der »Fortschritt der Offenbarung« zu verstehen, warum Gott in 5. Mose 24 nicht erklärt, daß Scheidung und Wiederheirat in Ehebruch münden?

8. Ist die »Notwendigkeit nach Erfüllung« im Leben ein vernünftiger Einwand gegen die biblische Sicht von Scheidung und Wiederheirat, so wie sie in diesem Buch dargestellt wird. Ist Ehe wesentlich für ein erfülltes und reiches Leben? Wie würde der Apostel Paulus diese Frage beantwortet haben?

X. Praktische Anwendung der Lehre

Die biblische Lehre über Scheidung und Wiederheirat ist nicht nur eine theoretische Frage, sondern auch im Leben der Gläubigen anwendbar. Eine konsequente Anwendung auf uns, die wir doch seelisch und gefühlsmäßig empfindende Wesen sind, mag manchem als hart erscheinen. Das kann man nachvollziehen. Es ist für mich viel leichter, diese Lehre in einer Bibelschule zu vertreten, als sie einer geschiedenen Person vorzulegen, die über eine Wiederheirat nachdenkt. Mein Wunsch, anerkannt zu werden und die Leute glücklich zu sehen, stand manchmal in Konflikt mit meinen Überzeugungen hinsichtlich Scheidung und Wiederheirat. Nach einem Dienst über Scheidung und Wiederheirat kam eine junge Frau, die regelmäßig die Stunden besucht, zu mir und sagte, daß sie vor sieben Jahren geschieden worden sei. Nun wuchs sie im Glauben und wünschte wieder zu heiraten. Sie wollte natürlich wissen, was sie tun solle. Ich hätte ihr so gern gesagt, daß sie heiraten könne — aber das konnte ich im Licht meiner biblischen Überzeugungen nicht tun. Wären diese Überzeugungen nicht fest in der Schrift gegründet gewesen, hätte ich sicher meinen Gefühlen ebenso wie dem Druck der Situation nachgegeben.

Ein weiterer Gedanke, der jetzt vielleicht durch ihren Kopf zieht, ist vielleicht der: »Nur ein verhärteter, lediger Bibelschullehrer ohne Gefühle für die Bedürfnisse der Menschen kann eine solche Deutung der Scheidungs- und Wiederheiratsproblematik und der dazu gehörenden Texte geben!« Ich habe meine lieben Freunde, Gemeindeglieder und auch eigene Verwandte die Tragik fehlgeschlagener Ehen erleben sehen. Ich habe schlaflose Nächte durchgemacht, in denen ich die Lage solcher Menschen überdachte. Meine Überzeugungen stammen nicht aus einem Erfahrungsvakuum oder einem isolierten Elfenbeinturm. Ich habe großes Mitleid für die geschiedenen Leute und deren Elend, doch muß ich dem treu sein, was die Bibel über dieses lebenswichtige Thema lehrt. Ich glaube, daß meine Anwendung dieser Lehre auf das Leben der Gläubigen nicht nur Gottes Heiligkeit widerspiegelt, sondern auch Seine Liebe, Gnade, Barmherzigkeit und Sein Mitgefühl. Ich denke, daß das folgende Frage- und Antwort-Gespräch den besten Zugang zu meiner Anwendung der biblischen Lehre eröffnet:

1. **Was ist Ehe aus der Sicht der Bibel? Was konstituiert Scheidung? Wie wirken sich Kultur und Gesetz des Landes auf diese Frage aus?**

Ehe ist grundsätzlich ein gesetzmäßiges Bündnis von Mann und Frau als Ehemann und Ehefrau. Nach 1. Mose 2,24 sind drei Elemente vorhanden:

a) ein öffentlicher Akt, der die Absicht des Paares ausdrückt,

b) eine dauerhafte Verbindung von zwei Leben,

c) der körperliche Vollzug des Einsseins innerhalb dieses Verhältnisses.

Während die Ehe von Gott eingesetzt und gesegnet wurde (1. Mose 2,23-24; Johannes 2,1-11), ist sie heute eine wesentliche Einrichtung, die von der Öffentlichkeit (Staat) zur Kenntnis genommen und bestätigt wird. Scheidung ist auf der anderen Seite die legale Auflösung der Ehe. Da die Scheidung aber nicht von Gott eingerichtet wurde, wird sie als solche von Ihm unter nahezu keinem Umstand anerkannt. Von daher ist Scheidung und Wiederheirat Ehebruch, da die ursprüngliche Ehe aus Gottes Sicht immer noch besteht.

Kultur und Gesetz eines Landes legen fest, was Ehe/Heirat bedeutet und bewirkt und ebenso, was Scheidung bedeutet und zur Folge hat. Die sittlichen Vorstellungen und Gebräuche wechseln dabei von Land zu Land. Der wesentliche Punkt aber ist: »Was wird in diesem Land als gesetzmäßige Ehe anerkannt?« In Deutschland wird die legale Eheschließung von einem Standesbeamten durchgeführt, die kirchliche Trauung ist bloß eine formale Angelegenheit. Die kirchliche Trauung allein würde die Eheschließung in diesem Lande noch nicht legalisieren. Da Gott dem Menschen Autorität zu regieren gegeben hat (Röm. 13,1-7), müssen die Ehegesetze und Scheidungsgesetze vom Staat festgelegt werden.

2. **Was bedeutet es, »ein Fleisch« zu werden? Ist das »ein-Fleisch«-werden dasselbe wie verheiratet sein?**

Ein-Fleisch-Werden nach Leupold (ein amerik. Bibelausleger, Anmerk. d. Übers.) »die vollständige Identifikation einer Person mit einer anderen in einer Gemeinschaft der Interessen und des Strebens, eine Verbindung, die im ein-Fleisch-Sein vollzogen wird«. Diese Definition ist sehr brauchbar. »Ein-Fleisch-Werden« in körperlicher Hinsicht macht noch keine Ehe aus, denn Ehe ist eine Einrichtung, die vom Staat anerkannt wird; gewisse Elemente und Verfahrensweisen müssen dabei vorhanden sein und eingehalten werden, damit ein Verhältnis sich als Ehe qualifizieren kann. Dabei muß man beachten, daß sich der Herr Jesus auf den Mann der Samariterin, mit dem sie zusammenlebte, nicht als »Ehemann« bezog (Joh. 4,18). Sie war vom Gesetz her mit fünf verschiedenen Ehemännern verheiratet gewesen und nun in eine nicht legitime Affäre verwickelt. Ein bloß geschlechtliches Verhältnis macht noch keine Ehe aus. Andererseits gibt es keine geschlechtliche Beziehung, die nicht im ein-Fleisch-Werden resultiert (vgl. 1. Kor. 6,16).

Dieses »Ein-Fleisch« des verheirateten Ehepaares wird in den Kindern, die Gott ihnen gibt, wunderbar veranschaulicht. In dem Kind sind Vater und Mutter unauflösbar in einer Person vereinigt. Obwohl Scheidung stattfindet, so ist dies »ein-Fleisch«-Verhältnis immer noch existent und setzt sich in den Nachkommen anschaulich fort. Alles, was dieses einzigartige »ein-Fleisch-sein« verletzt oder in es hineindringt, ob es Christen sind oder nicht, ist ehebrecherisch und eine Verletzung von Gottes Ehegesetz.

3. **Gibt es legitime, biblische Gründe für Scheidung: Ehebruch, Verlassen, Schlagen der Ehefrau, seelische Grausamkeit oder Blutschande?**

Da Gott Scheidung haßt (Maleachi 2,16) und der Herr Jesus anordnet, daß sie unterbleiben solle (Matth. 19,6; Mark. 10,9), weiter Paulus viermal erklärte, daß es keine Scheidung geben dürfe (1. Kor. 7,10-13), würde ich dazu sagen müssen, daß es keine legitimen, biblischen Gründe für Scheidung gibt. Gottes ursprünglicher Plan für die Ehe sieht nur einen Partner für das Leben vor! Der Herr hat gelehrt, daß Scheidung und Wiederheirat im Ehebruch resultieren und zwar in allen Umständen, außer in dem Falle von **porneia**, was wir so definierten, daß es sich auf die Ehe innerhalb der verbotenen Verhältnisse von 3. Mose 18,6-18 bezieht. So tragisch auch eheliche Untreue, Verlassen und Schlagen der Frau sind, so begründen sie jedoch keine biblischen Maßnahmen zur Scheidung. Das waren alles Beispiele und Probleme des ersten Jahrhunderts, auf die der Herr Jesus hätte eingehen und die Er hätte berücksichtigen können; aber Er zog es vor, dies nicht zu tun. Wir täten gut daran, Seinem Beispiel zu folgen!

4. **Haben die Aussagen »unschuldiger Teil« und »schuldiger Teil« Bedeutung in der biblischen Lehre über Scheidung und Wiederheirat?**

Diese Aussagen werden gern von denen verwendet, die Scheidung und Wiederheirat als im Fall des Ehebruchs oder vielleicht des Verlassens zulässig ansehen. Der »unschuldige Teil« ist der Ehepartner, dem Unrecht zugefügt worden ist, und der »schuldige Teil« ist der Partner, der untreu gewesen ist, oder der den anderen Partner verlassen hat. Wer meinem strikten Vorgehen an das Thema Scheidung und Wiederheirat folgt, dem bietet sich für solche Aussagen nur geringe Anwendungsmöglichkeit. In einem gewissen Sinn gibt es keine »unschuldige« oder »schuldige« Partei im Ehezerwürfnis. Immer sind zwei beteiligt. Während der eine Partner wohl der Hauptbeteiligte an den Schwierigkeiten sein mag, ist es doch sehr schwer für mich, den anderen als »unschuldig« zu bezeichnen. Hat dieser Ehepartner früh genug Rat gesucht, als die ersten Probleme auftraten? Hat dieser Ehepartner bedingungslos und opferbereit geliebt und zwar dergestalt, daß Heim und Familie so angenehm wie möglich erschienen? Wenn Untreue eingekehrt war, hat der »unschuldige« Teil vergeben und vergessen? Scheidung ergibt sich aus dem Versagen zweier Leute, gegenseitiges Versprechen, bis zum Tod zusammenzubleiben, einzuhalten und zu ehren. Realität ist, daß es keinen »unschuldigen« Teil einer Scheidung gibt — sondern nur einen Ehemann und eine Ehefrau, die beide des Versagens schuldig sind, ihr Versprechen gegenseitig nicht erfüllt zu haben.

5. **Wenn nun eine Scheidung vor der Bekehrung stattfindet — ändert das die Lage?**

Einige haben argumentiert, daß jemand, der durch die Bekehrung eine neue Kreatur in Christus wird (2. Kor. 5,17) und vor dieser Bekehrung geschieden wurde, ein Anrecht auf eine neue Ehe als Gläubiger haben solle. Es ist jedoch bedeutsam zu erkennen, daß die Folgen der Sünde im gegenwärtigen Leben nicht notwendigerweise entfernt sind, während die Schuld der Sünde ganz und gar bei der Errettung vergeben wurde (Römer 8,1). Ein Dieb, der im Gefängnis errettet wurde, wird nicht automatisch entlassen. Ein Vertrag über einen Hauserwerb wird nicht plötzlich dadurch verändert, daß einer der Vertragspartner ein gläubiger Christ wurde. Dem König David wurde die Sünde mit Bathseba unmittelbar nach seinem Bekenntnis vergeben. Aber die Folge der Sünde, den Tod des Kindes, mußte er tragen (2. Sam. 12,12-15). Gleicherweise werden die Sünden der Scheidung (und Wiederheirat) nach einem Schuldbekenntnis vergeben, ziehen aber möglicherweise lebenslange Folgen nach sich. Entsprechend der Belehrung durch den Apostel Paulus, wird der Ehevertrag in keiner Weise dadurch berührt, daß der eine Partner gläubig und damit wiedergeborener Christ wird (1. Kor. 7,12-13). Ähnlich steht es mit Gottes Willen für den, der vor seiner Bekehrung geschieden wurde: Ziel muß die Aussöhnung mit dem ursprünglichen Partner, nicht jedoch eine neue Heirat sein (1. Kor. 7,11). Es ist interessant zu sehen, daß der Herr Seine Belehrung über Scheidung und Wiederheirat an die ungläubigen Pharisäer richtete (Matth. 19,3; Mark. 10,2). Offensichtlich ist eine lebenslange Ehe Gottes Standard für die **Gesellschaft**, nicht nur für die Versammlung!

6. **Ist die Trennung ohne Auflösung der Ehe eine mögliche Lösung für die, die durch Eheschwierigkeiten gehen?**
Während die Fortsetzung der Ehe immer dem Willen Gottes entspricht (Matth. 19,6; Mark. 10,9), glaube ich, daß eine zeitliche Trennung in dem Falle angeraten sein könnte, wo der Ehemann z.B. ein Alkoholiker ist oder einer, der seine Frau schlägt. Eine solche Trennung sollte nur zeitweilig sein und unter dem Gesichtspunkt der Versöhnung und Fortsetzung der Ehe erfolgen.

7. **Sollten sich geschiedene Personen oder solche, die eheliche Schwierigkeiten haben, mit jemandem verabreden, der nicht ihr Ehepartner ist?**
Da Gottes Wille immer Versöhnung mit dem Ehepartner ist, so sind Rendezvous mit anderen für geschiedene oder in Trennung lebende Partner vollkommen fehl am Platz. Rendezvous können nur zu emotionalen Verwicklungen führen, die eine Aussöhnung nur erschweren würden. Solche Treffen würden in einer Dreiecksbeziehung enden oder sogar im Ehebruch, der eine Ehe vollends untergraben und die Chancen für eine Versöhnung gering machen würde. Die einzige Weise, eheliche Aussöhnung zu ermutigen, ist der Rat für Geschiedene oder in

Trennung befindliche Ehepartner, nicht mit anderen als den Ehepartnern Kontakt zu pflegen.

8. **Sollten ein Mann oder eine Frau einen zweiten Ehepartner verlassen, um zu dem ersten zurückzukehren?**

Scheidung und Wiederheirat müssen als Sünde erkannt werden — aber als Sünde, die vergeben werden kann. Wenn eine geschiedene Person als Christ zur Einsicht darüber kommt, daß eine Sünde in seinem oder ihrem Leben stattgefunden hat, dann sollte dies als Sünde bekannt werden, woraufhin dann Gottes Vergebung persönlich in Anspruch genommen werden kann (1. Joh. 1,9). Wenn eine zweite Ehe vollzogen wurde, dann sollte sie nicht aufgelöst werden, damit man zum früheren Ehepartner zurückkehren kann. 5. Mose 24, 1-4 sagt etwas zu diesem Punkt. Zum früheren Mann oder zur früheren Frau nach Scheidung und Wiederheirat zurückzukehren, wird von Mose als »ein Greuel vor dem Herrn« deklariert (5. Mose 24,4). Warum? Weil Scheidung und Wiederheirat eine »legale« Form des Ehebruches werden würde, wenn dies gestattet wäre. Wenn Du geschieden wurdest und Dich wiederverheiratetest, erkenne es als Sünde und nimm Gottes Vergebung in Anspruch ebenso wie Seine Reinigung, doch verschlimmere die Sünde nicht dadurch, daß Du eine zweite Ehe zerstörst, um die erste wiederherzustellen.

9. **Lebt jemand, der geschieden wurde und sich wieder verheiratete, in einem Zustand beständigen Ehebruchs?**

Der Herr Jesus erklärt in Markus 10,11-12, daß »wer irgend seine Frau entlassen und eine andere heiraten wird, Ehebruch begeht gegen sie. Und wenn eine Frau ihren Mann entlassen und einen anderen heiraten wird, so begeht sie Ehebruch«. Das Tätigkeitswort »begeht Ehebruch« (moichatai) wird bei beiden Vorkommnissen verwendet. Während das Präsens die Zeitform ist, die normalerweise die Handlungsdauer oder fortgesetzte Handlungsdauer anzeigt, so gibt es eine Aoristform des Präsens, die eine punktuelle Handlung in der Gegenwart präsentiert. Das Präsens in der Aoristform wird verwendet, um die Vorstellung eines gegenwärtigen Faktums oder ein Ereignis auszudrücken, das jetzt im Moment abläuft. Von daher könnte sich die Präsensform »begeht Ehebruch« auf einen fortgesetzten Zustand von Ehebruch oder einen einmaligen Akt von Ehebruch beziehen.

Der Zusammenhang dieser Stellen, die eine Abfolge von Aorist-Formen enthält, und das Verbot, nach einer zweiten Heirat zum früheren Ehepartner zurückzukehren, würde in Richtung der zweitgenannten Sicht deuten. Der Herr hat Seine Jünger wahrscheinlich gelehrt, daß Scheidung von dem einen Ehepartner und Heirat eines anderen zu diesem Zeitpunkt ein Akt von Ehebruch war. Geschiedene und wiederverheiratete Personen würden nicht als in einem Zustand beständigen Ehebruchs befindlich angesehen werden können.

10. **Begeht eine Person, die vorher noch nicht verheiratet war, Ehebruch, wenn er oder sie eine/n Geschiedene/n heiratet?**

In Lukas 16,18 sagt der Herr: »Jeder, der seine Frau entläßt und eine andere heiratet, begeht Ehebruch«. Da die göttlicherseits eingesetzte Ehe lebenslang existiert, würde die Hochzeit mir einer geschiedenen Person bedeuten, in eine existierende Ehe einzudringen und somit Ehebruch zu begehen.

11. **Warum wird die Scheidung als gravierendere Sünde als andere angesehen, wenn es um die Nichteignung einer Person für den Dienst des Ältesten oder des Diakons geht?**

Scheidung ist nicht wirklich eine größere Sünde als irgendeine andere, aber es ist eine Sünde, die mehr **öffentlichen** Charakter trägt. Man erinnere sich der Worte Nathans an David nach seinem Ehebruch mit Bathseba: »Nur weil du den Feinden Jahwes durch diese Sache Anlaß zur Lästerung gegeben hast, so soll auch der Sohn, der dir geboren ist, gewißlich sterben« (2. Sam. 12,14).

Öffentliche Sünde zieht öffentliche Folgen nach sich. So wie Ungehorsam Saul für das Königreich disqualifizierte (1. Sam. 15,22-23), so disqualifiziert die Verletzung des göttlichen Ehestandards jemanden vom Führungsdienst in der örtlichen Gemeinde.

12. **Entspricht ein Gläubiger, der geschieden wurde, sich später aber versöhnte und sich wiederverheiratete, den Eheanforderungen für den Dienst als Ältester oder Diakon oder Pastor?**

Die Ehequalifikation für solche Menschen ist die, daß ein Mann, wenn er verheiratet ist, »Mann einer Frau« sein muß. Der Ausdruck bezieht sich auf jemanden, der mit **nur** einer Frau verheiratet gewesen ist und sich ihr völlig gewidmet hat. Ein Gläubiger, der geschieden wurde und sich später mit seiner

Ehefrau versöhnt hat, könnte **möglicherweise** für einen solchen Dienst als geeignet erscheinen. Verschiedene Punkte sollten hierbei in Betracht gezogen werden. **Erstens:** War irgendeine Unmoral mit der Scheidung verbunden? Wenn ja, dann würde der Ehemann nicht über jeden Tadel erhaben sein (1. Tim. 3,2 u. 10). **Zweitens:** Steht er gegenwärtig seinem Haushalt gut vor, und hält er seine Kinder in guter Zucht? Wenn nicht, wie könnte er dann der Versammlung Gottes gut vorstehen und Sorge für sie tragen? (1.Tim. 3,4 u. 5). **Drittens**, ist seit Scheidung und Wiederheirat genügend Zeit vergangen, in der sich der Betreffende als für die Belange der Versammlung als geeignet erwiesen hat (1. Tim. 3,10)?

Ich würde vorschlagen, daß ein geschiedener Gläubiger, der sich versöhnt und seine frühere Frau wiedergeheiratet hat, sorgfältig geprüft werden sollte, bevor er Dienste in der örtlichen Versammlung tun kann. Nur wenn er als tadellos und schuldlos in allen Lebensbereichen seines Familienlebens erfunden wird, würde er für die Dienste eines Ältesten und Diakons geeignet sein.

13. **Warum ist das Ehebündnis so heilig und unauflösbar für Gott?**
Ich beanspruche nicht, eine endgültige und vollständige Antwort auf diese Frage bereit zu haben, aber ich möchte den folgenden Gedanken nahebringen: In Epheser 5,22-33 legt Paulus seine Sicht über das Eheverhältnis zwischen Ehemann und Ehefrau dar. Die Frau muß sich dem Mann unterwerfen, so wie sich die Versammlung Christus unterstellt. Der Ehemann soll seine Frau so lieben, wie Christus die Versammlung geliebt hat. Während sich Paulus auf die Ehe bezieht, geht seine Erörterung in Wirklichkeit auf das Verhältnis zwischen Christus und Seiner Gemeinde ein (Eph. 5,32). Paulus weist in Eph. 5,32 darauf hin, daß die Ehe hier eine symbolische Funktion und einen symbolischen Zweck hat. Das Ehebündnis ist dazu geplant, das Verhältnis zwischen Christus und Seiner Kirche (ecclesia) widerzuspiegeln. So wie ein Bündnis in der Ehe zustande kommt, wenn zwei Menschen ihr Leben einander anvertrauen, so wird eine besondere Beziehung geschaffen, wenn ein Glaubender sich Christus übergibt. Wird Christus je das Verhältnis zwischen sich und Seiner **ecclesia**, Seiner Gemeinde, brechen? Absolut nicht (Hebr. 13,5)! Wird

Christus Jesus je vom Glaubenden »geschieden« oder getrennt? Niemals (Röm. 8,35-39; Joh. 10,28)! Da das Ehebündnis ein Bild der Dauerbeziehung zwischen Christus und Seiner Versammlung ist, daher muß auch die menschliche Ehe eine dauernde sein. Wenn die Ehe ein auflösbares Verhältnis wäre, dann wäre sie eine ungenaue Darstellung der unlösbaren Einheit zwischen Christus und Seiner Versammlung.

14. Welche Abschreckungsmittel gegen die Scheidung gibt es?

Eine der stärksten Abschreckungswaffen gegen die Scheidung ist eine **positive Belehrung** hinsichtlich des Planes Gottes für die Dauerhaftigkeit der Ehe. So lange wie Christen Scheidung als möglichen Weg aus ihren Eheproblemen ansehen, werden viele Ehepaare diesen Weg gehen. Anstatt zu versuchen, der Differenzen in biblischer Weise Herr zu werden, werden sie einen Auseinandersetzungs-Prozeß anstrengen. Solche Handlungsweise spiegelt eine falsche Sicht der Ehe wider, nämlich, daß »Ehe-Seligkeit«-Syndrom. Manch ein falsch informiertes Paar denkt, daß der vorrangige Zweck der Ehe der sei, sich glücklich zu machen. Die Ehe ist nach Gottes Willen die Voraussetzung für Zeugung und Erziehung der Kinder (1. Mose 1,28; Eph. 6,1-4); sie ist dazu da, dem Mann eine Gehilfin zur Erfüllung seiner Aufgaben zu stellen und eine Intimgemeinschaft zu bilden (1. Mose 2,18); sie soll das Verhältnis zwischen Christus und Seiner Gemeinde widerspiegeln (Eph. 5,31-32). Darüber hinaus kann die Ehe mit einem »Sandpapier« verglichen werden, das Gott benutzt, um die rauhen Kanten der Gläubigen abzuschleifen und sie so in die Gleichheit mit dem Bild Seines Sohnes zu bringen (vgl. Röm. 8,29). Von Gott »abgeschliffen« zu werden, ist nicht immer reines Glück für uns. Doch sind Glück und Seligkeit in der Ehe wie die Kirsche im Schokoladeneisbecher — sie ist sehr schön, aber nicht absolut notwendig. Genieße die Kirsche, wenn sie da ist, aber wirf den Eisbecher nicht weg, nur weil sie fehlt!

Ein weiteres bedeutendes Abschreckungsmittel würde die Auslegung der biblischen Texte über Scheidung und Wiederheirat sein, so wie ich es Ihnen vorgetragen habe. Ich bin davon überzeugt, daß es weniger Scheidungen in den Reihen der Christen gäbe, wenn es eine strikte Belehrung über Scheidung und Wiederheirat in den Gemeinden geben würde. Man würde dann mit größerer Vorsicht in eine Ehe eintreten, und die Ehepartner würden versuchen, die Ehe unter allen Umständen zu erhalten, denn es gäbe ja keine zweite Gelegenheit. Auch wenn es keinen anderen Grund gäbe, würde das körperliche Verlangen eines Mannes ihn dazu motivieren, die Ehe aufrecht zu erhalten und sie in gesunder Verfassung zu belassen, denn wenn er fehlt, wird er sich einem Leben als Lediger gegenübersehen. Wenn man christlichen jungen Leuten und auch Verlobten Ratschläge und Rat über die Dauerhaftigkeit und Unverletzlichkeit der Ehe erteilen würde, dann könnte auch dies eine gute Wirkung erzielen.

15. **Wie sollte sich eine örtliche Gemeinde verhalten und einem Paar antworten, das den Rat eines Ältesten/Pastors bezüglich Wiederheirat ablehnt, und zu einem anderen Pastor geht, um getraut zu werden und dann zur ersten Gemeinde zurückkehrt?**

Jakobus führt in seinem Brief aus, daß jemand, der »weiß, Gutes zu tun, und es nicht tut, es Sünde ist« (Jak. 4,17). Entsprechend der in diesem Buch vertretenen Position, stellen Scheidung und Wiederheirat eine Sünde gegen Gott dar und sind als Ungehorsam gegen Sein Wort anzusehen.

Ich glaube, daß es bedeutsam ist, daß das Alte Testament zwischen einer unbeabsichtigten und einer trotzigen, herausfordernden Sünde unterscheidet (bei der man weiß, daß man Gottes Gebot verletzt). Der hebräische Text von 4. Mose 15,30 bezieht sich auf diese Art der Sünde »mit erhobener Hand«! Gott hatte Vorsorge für die Sünde aus Versehen im Sühneopfer getroffen (4. Mose 15,22-29), aber es gab kein Opfer im Falle der »Sünde mit erhobener Hand«. Derjenige, der wissentlich und absichtlich Gottes Gesetz verletzte, würde »ausgerottet werden aus der Mitte des Volkes« — d.h. getötet werden (vgl. 4. Mose 15,30; vgl. auch 2. Mose 31,14). Um was es mir hier persönlich geht, ist, daß ich es für sehr gefährlich halte, wissentlich Gottes Wort nicht zu gehorchen. Ich sage nicht, daß eine solche Sünde nicht vergeben werden kann, aber Gottes Gnade zu sehr zu beanspruchen, würde Seinen Zorn herbeirufen! Wenn es solche angeht, die wahre Gläubige sind, dann können wir sicher sein, daß sie auch Gottes Züchtigung empfangen werden (vgl. Hebr. 12,6-11; 13,4).

In der Behandlung dieser Frage glaube ich, daß man den Belehrungen des Herrn Jesus in Matth. 18,15-17 folgen sollte. Der erste Schritt wäre der private Tadel, den ein Ältester oder ein Pastor aussprechen könnte. Die Sünde sollte herausgestellt und die Buße gefordert werden. Dies hätte mit sehr viel Liebe und Mitgefühl zu geschehen. Wenn es keine Buße gibt, würde ein zweiter Schritt darin bestehen, das Paar mit allen, die Ältestendienste tun, zu konfrontieren, um auf die Sünde hinzuweisen und zur Buße aufzurufen. Wenn sie sich dann immer noch weigern, ihr falsches Handeln anzuerkennen, dann sollte die ganze Angelegenheit vor die gesamte Gemeinde in einer speziellen Zusammenkunft gebracht werden. Wenn es dann auch noch nicht zu einer Antwort des Paares auf die Vorhaltungen kommt, sollte es entsprechend der Lehre des Herrn aus der Gemeinschaft der Gläubigen ausgeschlossen werden. Gibt es jedoch Anzeichen von echter Reue zu irgendeinem Zeitpunkt dieses Gemeindezuchtprozesses, dann sollte dem Paar die Wiederherstellung der vollen Gemeinschaft ermöglicht werden. Es sollte jedoch anerkannt werden, daß Scheidung und Wiederheirat den Dienst in gewissen Bereichen der Gemeinde einschränken.

Ausschluß aus der Gemeinschaft für einen in Sünde befindlichen Gläubigen ist ein schwerwiegender Schritt, doch hat der Apostel Paulus in seiner Abhandlung über gewisse Fragen der Versammlung in Korinth gezeigt, daß dieser Schritt manchmal notwendig ist (vgl. 1. Kor. 5,1-13). Es sollte jedoch beachtet werden, daß Ausschluß aus der Gemeinschaft nicht Zweck in sich selbst ist. Solche Zuchtmaßnahme dient dazu, den Sünder zur Buße zu führen! Paulus betont, daß, wenn die Zucht ihr Ziel erreicht hat, dem bußfertigen Sünder vergeben werden und er in die Gemeinschaft wieder aufgenommen werden soll (2. Kor. 2,5-8). Paulus weist die Korinther auch auf die **Gefahr** eines unversöhnlichen Geistes hin — dieser lädt den Satan geradezu dazu ein, Vorteil aus dieser Situation zu ziehen und seine üblen Absichten auszuführen (2. Kor. 2,10-11).

Die größte Versuchung für Gläubige in der Behandlung solcher Menschen, die wissentlich Gottes Eheplan verletzt haben, ist die vorenthaltene Vergebung. Wir können als Christen einem solchen Paar die Vergebung nicht vorenthalten, die Gott gewährt (vgl. Matth. 6,14-15; 18,21-35). Wenn man mit einer solchen Situation konfrontiert wird, sollte man vermeiden, zu richterlich zu sein. Man sollte darum beten, daß Christus Sein Mitgefühl im eigenen Herzen zur Auswirkung bringen kann. Sei bereit, dem Paar hinsichtlich der Notwendigkeit zur Buße Rat geben zu können. Sei bereit zu dienen, wenn Gott dieses Paar in Seine Schule nimmt, die letztlich die »friedsame Frucht der Gerechtigkeit« hervorbringt (Hebr. 2,11).

16. **Wie sollte sich ein Christ gegenüber Geschiedenen und gegenüber geschiedenen und wiederverheirateten Personen verhalten?**

Bei diesen Menschen sollten Christen Gottes Haltung der Liebe, des Mitgefühls, der Sympathie, der Vergebung und der Annahme widerspiegeln. Während Gott sagt, »Ich hasse Scheidung«, sagt Er doch nie: »Ich hasse die Geschiedenen!« Er haßt die Sünde, aber Er liebt den Sünder.

Ich glaube nicht, daß wir als Gläubige einfach über irgendeine Sünde hinwegsehen sollten — und Scheidung macht hier keine Ausnahme. Auf der anderen Seite dürfen wir diejenigen nicht verurteilen, deren Ehen gescheitert sind. In diesen Fällen müssen wir Gott das Urteil überlassen (Röm. 14,10-12). Christen sollten sich besonders bemühen, solche Leute eher in bestimmte Bereiche des Gemeindelebens miteinzubeziehen, als sie zu meiden. Sie sollten ihnen das Gefühl geben, daß sie angenommen sind als Teil der Gemeinschaft.

Zusammenfassung und Schlußfolgerung

Ich glaube, daß es zwei Schlüssel für die praktische Anwendung des biblischen Zugangs zur Frage von Scheidung und Wiederheirat gibt. Zunächst müssen wir unsere Entscheidungen und unseren Rat nicht auf der Basis dessen treffen bzw. erteilen, was wir denken und fühlen, sondern **auf der Basis dessen, was die Bibel sagt.** Gottes Wort lehrt klar, daß die Ehe für das Leben gilt. Nur nach dem Tod eines Ehepartners ist man frei zu heiraten. Scheidung und Wiederheirat während der Ehepartner noch lebt, stellen Ehebruch dar. Für den geschiedenen Christen gibt es grundsätzlich nur zwei Optionen: Versöhnung oder Ledigbleiben.

Die meisten Entscheidungen bezüglich Scheidung und Wiederheirat können auf der Grundlage dieser einfachen und simplen Wahrheit des geoffenbarten Gotteswortes getroffen werden.

Der zweite Schlüssel, glaube ich, für die praktische Anwendung der Lehre ist das »Festhalten der Wahrheit in Liebe« (Eph. 4,15). Es ist oft nicht so sehr das, **was** wir sagen, was die Leute verletzt und die Wahrheit so schwer verdaulich macht, sondern **wie** wir es sagen. Ich werde an die Geschichte der beiden Prediger erinnert, die zur Stadt kamen und beide über die Hölle predigten. Der erste bekam nur wenig Zustimmung für seinen Dienst. Der zweite jedoch fand viel Beifall. Was machte den Unterschied aus? Der erste hatte so gepredigt, daß es schien, als ob er wünsche, daß jeder seiner Zuhörer zur Hölle führe; der zweite jedoch so, daß er niemanden diese Reise gönnte. Ich glaube, daß wir Gottes Wahrheit über Scheidung und Wiederheirat »in Wahrheit« verkünden können — mit Takt und Zartgefühl, die die Leute dazu ermuntert, die Wahrheit bereitwillig anzunehmen und anzuwenden.

Fragen

1. Würden entsprechend der Bibel Ehebruch, Verlassen, Schlagen der Frau, seelische Grausamkeit oder Blutschande Gründe für eine Scheidung abgeben? Warum, warum nicht?

2. Wenn Scheidung vor der Errettung eines Menschen stattfände, ist die Person dann berechtigt, eine weitere Heirat als Glaubender einzugehen? Erklären Sie Ihre Antwort?

3. Gibt es irgendwelche Umstände, unter denen Trennung ohne Auflösung der Ehe als geraten erscheinen lassen?

4. Warum würde es für geschiedene oder getrennte Leute unmöglich sein, jemand anders als den entfremdeten Ehepartner zu besuchen?

5. Warum würde es für einen Mann oder eine Frau nicht richtig sein, sich von dem zweiten Ehepartner zu scheiden, um zum früheren Partner zurückzugehen?

6. Lebt eine Person, die geschieden wurde und wieder heiratet, im Zustand eines beständigen Ehebruchs? Warum nicht?

7. Begeht eine Person, die bisher noch nicht verheiratet war, Ehebruch, wenn er oder sie eine(n) Geschiedene(n) heiratet?

8. Warum muß Scheidung einen Mann für den Dienst eines Ältesten oder Diakons disqualifizieren, wenn andere Sünden dies eben nicht tun?

9. Warum denken Sie, ist das Ehebündnis für Gott so heilig und unauflösbar?

10. Wie sollte die Haltung eines Christen gegenüber der Scheidung sein? Wie sollte sich diese Haltung von der den Geschiedenen gegenüber unterscheiden?

XI. Scheidung, Wiederheirat und der Seelsorger oder christliche Ehe-Berater

Es ist für den christlichen Seelsorger tatsächlich unmöglich, der Stellungnahme zu Scheidung und Wiederheirat in seinem Dienst auszuweichen. Die Anzahl der Scheidungen hat sich von 1970-1979 um 65% erhöht. Eheunglück hat auch vor den Toren der Christen nicht halt gemacht. Viele von ihnen möchten Rat von Freunden, einem Bruder oder vielleicht einem Eheberater haben, der dies von Berufswegen macht. (Eine in den USA bekannte Einrichtung. Anm. d. Verlegers) Unglücklicherweise widerspricht deren aller Rat, obwohl er aus ernsthafter Sorge angeboten wird, in vielen Fällen der biblischen Lehre über Scheidung und Wiederheirat.

Eine in Eheschwierigkeiten lebende Frau suchte einen solchen Berater auf. Er erwähnte, daß eine mögliche Lösung ihrer Probleme in der Scheidung zu sehen wäre. Die gute Frau suchte natürlich nicht Scheidung, sondern Hilfe für ihre Ehe. Folglich ging sie nicht mehr zu weiteren Beratungen. Welchen Rat sollte man nun jemandem in Eheschwierigkeiten geben? Wie würden Sie einem raten, der eine Scheidung oder nach ihr eine Wiederheirat erwägt?

Sie mögen wohl denken, daß sich dieses Kapitel hauptsächlich an den berufsmäßigen Berater wendet, der schon seine akademischen Grade in Psychologie erworben hat, eine Praxis besitzt und regelmäßig ihn aufsuchende Klienten hat.

Weit gefehlt! Dieses Kapitel ist für **Sie!**

Sprüche 27,9 sagt: »Öl und Räucherwerk erfreuen das Herz, und die Süßigkeit eines Freundes kommt aus dem Rat der Seele«. Ihr Leben hindurch werden Sie Möglichkeiten haben, Ihren Freuden, Arbeitskameraden und Familiengliedern zu raten. Wird Ihr Rat so süß wie Honig oder so sauer wie eine Zitrone sein? Leute in Not werden vielleicht zu Ihnen kommen, vielleicht einfach nur deshalb, weil Sie ein Freund sind oder weil sie wissen, daß Sie Christ sind. Sie kommen vielleicht zu Ihnen, um Hilfe zu erhalten, weil sie sehen, daß Sie eine glückliche Ehe führen — eine Ehe, die sie selbst wohl gern hätten. Sie kommen zu Ihnen um Hilfe! Die in diesem Kapitel dargelegten Prinzipien können Sie instand setzen, als Christ ein wirkungsvoller und erfolgreicher christlicher echter

Ratgeber für die zu sein, die sich in Gedanken mit Scheidung und Wiederheirat befassen.

Biblische Modelle für den Seelsorger

Sie haben sicher oft sagen hören, daß ein Bild so viel wert ist wie sonst tausend Worte. Obwohl Gott diesen Ausdruck nicht geprägt hat, würde Er sicher diese Wahrheit anerkennen. In Seinem Wort an Sein Volk hat Gott uns einige Berichte präsentiert, deren Bildhaftigkeit mehr ausdrückt als tausend Worte. Diese historischen Berichte im Worte Gottes geben uns, so glaube ich, einige biblische Modelle, denen die folgen sollten, die sich in Eheschwierigkeiten befinden.

David und Nathan (2. Samuel 12)

Dieses Kapitel berichtet, wie Nathan, Davids Berater, eine sehr pointierte Parabel[5] benutzt, um David dazu zu bringen, seine eigene Sünde des Ehebruchs mit Bathseba zu verurteilen und ihn zur Buße zu führen. Nach Davids Vesündigung mit Bathseba war Nathan mit der Notwendigkeit konfrontiert, dem noch nicht reuigen David seine Sünde vorzustellen. Er tat das durch das Erzählen eines Gleichnisses über einen reichen Mann, der einen Armen seines einzigen Schafes beraubte und dieses schlachtete, um einen Besucher zu bewirten (Verse 1-4). Als David darauf antwortete, daß dieser Mann den Tod für seine Sünde verdiene (Verse 5 u. 6), erklärte Nathan ohne Verbrämung: »Du bist der Mann!« (Vers 7). Dann stellte er Davids Sünde heraus (Vers 9) und sprach Gottes Urteil über ihn und seine Familie (Verse 11-12). Davids Bekenntnis war wiederum unmittelbare Folge, wie auch dann Gottes gnädige Vergebung (Vers 13). Ein sehr starker Ausdruck von Davids Bekenntnis ist in Psalm 51 zu finden.

Nathans Handeln mit David illustriert das Prinzip, daß die Verantwortung eines Beraters zunächst im Tadeln der Sünde besteht. Paulus exemplifiziert dies in 1. Kor. 5-6, wo er die korinthischen Gläubigen wegen ihrer mangelnden Diziplin, ihrer Gerichtsprozesse und ihrer Unmoral getadelt hat. Genauso hat der christliche Seelsorger die Verantwortung, die Verletzungen der biblischen An-

---

[5] ein Gleichnis

ordnungen herauszustellen. Eine einfache und wirksame Ausführung dieses Dienstes ist, wenn der Berater den zu Beratenden einen Abschnitt der Schrift lesen läßt, der sich auf die betreffende Frage bezieht. Dann stelle er einfach die Frage: »Wie sieht dagegen Davids gegenwärtiges Verhalten oder Deine zukünftigen Pläne im Vergleich zu dieser Lehre aus?« Die Schrift wird den Sünder sowohl tadeln als auch korrigieren (2. Tim. 3,16).

Einige von uns fürchten sich davor, Freunde deutlich auf die Verletzung göttlicher Gebote hinzuweisen. Die Frau eines meiner Bibelschüler sah sich dem Dilemma gegenüber, zur Teilnahme an der Hochzeit einer Freundin eingeladen zu werden, die im Begriff stand, einen geschiedenen Mann zu heiraten. Sie wußte, daß sie mit ihren Überzeugungen keinen Kompromiß schließen konnte und fragte sich, wie man wohl mit dieser Situation fertig werden könnte. Schließlich schrieb sie ihrer Freundin und teilte ihr in liebevoller Weise mit, daß ihre Hochzeitspläne nicht mit Gottes Wort in Übereinstimmung stünden, und daß sie deshalb an der Hochzeit nicht teilnehmen werde. Solch eine Handlungsweise verlangt Mut; aber Gott wird die ehren, die wie Johannes der Täufer nicht davor zurückschrecken, Sünde auch Sünde zu nennen (vgl. Matth. 14,4).

Der Herr Jesus und die ehebrecherische Frau (Joh. 8)
Johannes 8,1-11 berichtet über das Zusammentreffen der Ehebrecherin mit dem Herrn Jesus. Hier finden wir eine wunderschöne Illustration der Gnade, des Mitleids und der Bereitschaft **zu vergeben** bei Ihm. Die im Ehebruch begriffene Frau wurde von den Schriftgelehrten und Pharisäern zum Herrn gebracht, damit sie Seine Ansicht über die notwendige Bestrafung dieser Frau erführen. Man beachte, daß der Vers 6 offenlegt, daß es das Anliegen der religiösen Führer war, den Herrn Jesus zu »versuchen«. Wenn Er zum Tod durch Steinigung raten würde, dann würde Er die Politik Roms mißachten (vgl. Joh. 18,31). Wenn Er aber dem Gesetz Moses, eine solche Frau zu steinigen, zuwiderhandelte (3. Mose 20,10; 5. Mose 22,22-24), so würden sie Ihn für untauglich gehalten haben, der Messias zu sein. Wie er sich auch entscheiden würde, der Herr Jesus mußte sich römischer oder mosaischer Gesetzesanklage stellen. Er sagte aber überhaupt nichts, sondern schrieb nur in den Sand. Dann drehte er den Stab herum, um den

Anklägern der Frau zu zeigen, daß auch sie gleicherweise schuldig waren: »Wer von euch ohne Sünde ist, der werfe den ersten Stein auf sie« (Kap. 8,7). Johannes berichtet, daß ein Ankläger nach dem anderen wegging und sich der Herr Jesus an die offensichtlich bußfertige Frau wandte: »Hat dich niemand verurteilt?« fragte Er. Und sie antwortete: »Niemand, Herr«. Und der Herr fuhr fort: »So verurteile auch ich dich nicht; gehe hin und sündige nicht mehr!«

Jesu Handeln mit der Ehebrecherin illustriert das Prinzip, daß Gott **bußfertigen** Sündern vergibt. Der Herr Jesus vergab der Ehebrecherin, und Er wird denjenigen vergeben, die ihre Ehen gebrochen und gesündigt haben, indem sie neue Bindungen eingegangen sind, während ihre früheren Partner noch lebten. Während der Seelsorger Scheidung und Wiederheirat als das bezeichnen muß, was sie wirklich sind, nämlich Sünde, muß er auf der anderen Seite auch betonen, daß Christus für diese Sünde gestorben ist, und daß Reinigung und Wiederherstellung der Gemeinschaft auf der Basis von 1. Joh. 1,9 möglich sind: »Wenn wir unsere Sünden bekennen, ist er treu und gerecht, daß er uns die Sünden vergibt und uns reinigt von aller Ungerechtigkeit.«

Jesus und die Samariterin (Johannes 4)
Johannes 4 berichtet über das Zusammentreffen des Herrn Jesus mit der Samariterin am Jakobsbrunnen. Die in Joh. 4,7-26 aufgezeichnete Unterredung zeigt, wie der Herr Jesus das geistliche Interesse eines Menschen taktvoll weckt, um ihn dahin zu bringen, ein Gespür für die Notwendigkeit eines Heilands zu entwickeln. Dort am Jakobsbrunnen, bei der Hitze des Tages, bat der Herr Jesus die Frau um einen Trunk Wasser. Dann lenkte Er die Unterredung von der physischen auf die geistliche Ebene. Er sagte der Frau in Vers 10, daß, wenn sie die Gabe Gottes kennen würde (d.h. die Errettung) und wer Er sei (d.h. der Erretter), dann würde sie Ihn darum bitten und das »lebendige Wasser« empfangen. Der Herr erklärte später, daß dieses lebendige Wasser »ins ewige Leben quillt« (Vers 14). Als Ergebnis dieses Gesprächs kam diese Frau offensichtlich zum lebendigen Glauben an Christus (Vers 42).

Nun wußte der Herr schon lange, daß diese Frau eine gescheiterte Ehe hinter sich hatte. Sie war mit fünf Männern verheiratet gewesen und lebte jetzt mit einem Mann außerhalb ehelicher Legitimation zusammen (Vers 18). Er hätte auch mit ihr die Eheaffären diskutieren können, zog es jedoch vor, zuerst über ihre geistliche Lage zu sprechen!

Hier erfahren wir etwas über das Prinzip, daß immer die geistliche Befindlichkeit vor anderen Problemen einzuordnen ist. Wenn man einem noch nicht erretteten Freund, der z.B. Eheprobleme zu bewältigen hat, Ratschläge erteilen muß, dann sollte man mit der Hauptsache beginnen, nämlich der Rettung durch Christus Jesus. Es wird nicht viel nützen, wenn man versucht, die Ehe zu flicken, indem man an den Symptomen herumkuriert und die eigentliche **Quelle** der Schwierigkeiten unbeachtet läßt. Gott ist sowohl um die geistlichen Situationen der Leute als auch um ihre Eheprobleme besorgt, doch sind die geistlichen Bedürfnisse vorrangig. Als christlicher Ratgeber: Führe die Leute zuerst zu Christus und dann hilf ihnen, eine Lösung für ihre Eheprobleme in Ihm zu finden!

Der Herr und Hosea (Hosea 1-3)

Von den in der Bibel berichteten Ehen sind wahrscheinlich keine so tragisch wie die von Hosea, dem Propheten Gottes. Das erste von Gott an diesen Propheten gerichtete Wort war der Befehl, eine Hure zu heiraten (Hosea 1,2). Hoseas Ehe sollte ein Bild von der Beziehung zwischen Gott und Seinem Volke Israel sein. Die körperliche/physische Untreue von Hoseas Frau Gomer spiegelt die geistliche Untreue Israels wider. Hosea heiratete Gomer, die vielleicht während der ersten Jahre ihrer drei Kinder treu blieb, dann Ehebruch beging und schließlich in der Sklaverei endete (Hosea 3,1-2).

Kapitel 3 des Propheten Hosea ist das bedeutsamste Kapitel des Propheten und enthält eine der großartigsten Aussagen über Gottes nie endende Liebe, die man wohl in der Bibel findet. Man erinnere sich: Hoseas Ehe ist so beschaffen, daß sie das Verhältnis Gottes zu seinem Volk illustriert. Wie Gomer Hosea untreu geworden war, so war Israel dem Herrn untreu geworden. In Hosea 3 finden wir Gomer, wie Israel, in der allertiefsten Ausschweifung. Sie war von ihren Liebhabern in die Sklaverei verkauft worden. Jetzt ergeht das Wort des Herrn an Hosea: »Gehe wiederum hin, liebe eine Frau, die von ihrem Freunde geliebt wird und Ehebruch betreibt« (Hos. 3,1). Gott sagte dies: »Nimm sie wieder zu dir, liebe sie wieder, versöhne dich mit ihr«. Hosea kaufte Gomer vom Sklavenmarkt für bloße 15 Silbersekel und einen Korb Weizen zurück! Was würdest Du an dieser Stelle geantwortet haben, wenn Du Hosea gewesen wärest? »Aber, mein Herr, Ehebruch hat doch Steinigung zur Folge und Du willst, daß ich sie wieder als Frau nehme?« Oder: »Mein Herr, wie steht es mit einer Scheidung? Ich werde eine andere Frau heiraten«. Oder: »Wenn Du, o Herr, darauf bestehst — zwar keine Scheidung, aber wenigstens doch Trennung von ihr!«. Oder: »Was wird das Volk Israel von mir denken?« Hosea erhob nicht einen dieser Einwände. Er anerkannte einfach, daß Gottes Wille für seine Ehe **Versöhnung** war. Er liebte Gomer wieder und zeigte dem Volk seiner Tage damit anschaulich Gottes unendliche Liebe zu Seinem eigenen, untreuen Volke Israel.

Das Schlüsselprinzip, das wir dem Handeln Gottes mit Hosea entnehmen, ist, daß **Gottes Wille für geschiedene oder getrennte Leute immer Versöhnung ist.** Unter keinen Umständen — ungeachtet ihrer Ungeheuerlichkeit — ist es Gottes Wille, daß Scheidung stattfindet. Dieses Prinzip wird in Hosea wunderbar deutlich und vom Herrn ausdrücklich zitiert (Matth. 19,6; Mark. 10,9) und ebenfalls von Paulus (1. Kor. 7,10-16). Die biblischen Modelle stellen sehr wohl die Verantwortung eines Beraters heraus, Sünde deutlich zu benennen, Gottes Vergebung mitzuteilen, Menschen zu Christus zu führen und zur Versöhnung für getrennte Ehepaare zu ermutigen.

Rat an Personen, die Scheidung erwägen

Einer meiner Freunde rief mich an und sagte: »Ich weiß nicht, wie lange meine Frau Betty noch bei mir bleiben wird. Sie hat sich auf einen anderen Mann eingelassen, und ich erwäge die Scheidung«. Nachdem ich mich vom Anfangsschock erholt hatte, begann ich darüber nachzudenken, wie ich meinem Freund helfen und ihm angesichts dieser schwierigen Ehesituation raten könnte. In diesem Abschnitt möchte ich einige Richtlinien aufzeigen, die ich für solche Personen entwickelt habe, die über Scheidung nachdenken. Wohlgemerkt, es sind Richtlinien, keine Regeln oder Gesetze. Sie können oder müssen gar auf die besondere Beratungssituation je nach den Bedürfnissen und besonderen Umständen der in solcher Lage Befindlichen angewendet werden:

1. **Vermittle vorbehaltlose Liebe und Annahme!**

Personen, die schwierige Ehesituationen durchstehen und die Scheidung erwägen, empfinden häufig persönliche Ablehnung seitens ihrer Freunde und der eigenen Familie. Das kann sich verheerend auswirken, denn während solcher Widrigkeiten brauchen diese Menschen besondere Unterstützung und Zuspruch. Der Herr Jesus sagte Seinen Jüngern in der Nacht vor Seinem Tode: »Ein neues Gebot gebe ich euch, daß ihr einander liebet, auf daß, gleichwie ich euch geliebt habe, auch ihr einander liebet« (Joh, 13,34). Die Liebe, auf die Er sich hier bezieht, ist nicht ein Gefühl oder eine Emotion, sondern vielmehr eine sich aufopfernde Hingabe an eine andere Person (vgl. Eph. 5,1-2). Es ist eine Liebe, die nicht auf Bedingungen gegründet ist, sondern die **agape — Liebe,** die Gott an uns bewiesen hat, »als wir noch Sünder waren«. (Röm. 5,8).

Nicht nur bedingungslose Liebe, sondern auch bedingungslose Annahme müssen wir mitteilen. Paulus sagte in Röm. 15,7: »Deshalb nehmet einander auf, gleichwie auch der Christus euch aufgenommen hat, zu Gottes Herrlichkeit«.

Diese Auf- oder Annahme schließt keineswegs die **Zustimmung** zu allen Tätigkeiten dieser Person ein. Christus hat uns angenommen, aber Er hat unsere Sünden nicht gebilligt. Wir können also unbedingte Annahme der Leute in der Beratung anbieten und mitteilen ohne notwendigerweise allem zuzustimmen, was sie tun. **Aber,** diejenigen, denen wir ratend zur Seite stehen, müssen unbedingt wissen, daß wir sie bedingungslos lieben; daß wir sie in ihren Problemen akzeptieren, und daß wir uns genug Mühe geben, uns persönlich auf sie einzulassen. Solch liebende Unterstützung ist für die gefühlsmäßige Stabilisierung derjenigen wesentlich, die sich in den Wehen einer ehelichen Zerrüttung befinden.

2. **Aufdecken der Wurzel des Problems**

Scheidungsabsicht ist ein Symptom von, nicht aber eine Lösung der Eheschwierigkeiten. Diejenigen, die eine Scheidung erwägen, versuchen oft, etwas zu ihrem Ehepartner, Freunden oder Pastor über ihre Ehe zu sagen. Bei Androhung der Scheidung oder sogar während des Scheidungsprozesses sagen sie: »Ich bin verletzt; meine Ehe ist schrecklich; ich brauche Hilfe!« Ein guter christlicher Seelsorger hat nun die Wurzel des Problems aufzudecken. Das findet in einer Reihe von Sondierungsfragen und Zuhören statt. Ermutige den Ratsuchenden, seine Identität zu nennen, seine oder ihre Klagen herauszuarbeiten und zu klären. Befrage den Ratsuchenden oder das Paar über die Situation, die zu Ärger, Frustrationen und Streit Anlaß gewesen sind.

Ist eine dritte Person in die Ehe eingedrungen? Ein bekannter christlicher Eheberater hat einmal gesagt: »Wenn ein anderer Mann oder eine andere Frau auf der Ehebühne erscheint, dann geschieht das höchst selten wegen überwältigender **Liebe**, sondern vieleher wegen überwältigender **Not**«. Hilf dem Paar, die Bedürfnisse, die Not zu erkennen, denen nicht entsprochen wird und die einen Partner dazu bringen, sich nach jemand anderem umzusehen, der diese Not füllt. Aufdeckung des Wurzelproblems aber ist nur ein Teilerfolg für den Seelsorger. Denn jetzt kommt die Aufgabe der Anwendung biblischer Prinzipien, die dem Paar eine biblische und Gott ehrende Lösung ihrer Schwierigkeiten anbietet.

3. **Ermutige zum Bekennen und zur Vergebung.**

Der Seelsorger muß zum Bekenntnis und zur Vergebung ermutigen. Wir sollen unsere Sünden nicht nur vor Gott bekennen (1. Joh. 1,9), sondern auch soweit Menschen betroffen sind, einer dem anderen bekennen (vgl. Jakobus 5,16). Das bedeutet nicht, daß wir vor allen unsere schmutzige Wäsche waschen; vielmehr sollten wir das Falsche zugeben, das wir dem anderen angetan haben. Dies bedeutet, daß einer dem anderen die Sünden bekennt und sagt: »Ich war im Unrecht und es tut mir leid«. Dann müssen wir den ermutigen, dem Unrecht angetan wurde, zu vergeben (Eph. 4,32). Petrus fragte einst den Herrn Jesus: »Wie oft soll ich meinem Bruder, der gegen mich sündigt, vergeben?« Die Pharisäer meinten, daß drei mal genug sei. Petrus verdoppelte diese Zahl, fügte sicherheitshalber noch eine hinzu und sagte: »Bis sieben mal?« Jesus antwortet: »Nein, Petrus bis zu siebzig mal sieben mal!« Mit anderen Worten: Wenn Du immer noch zählst, es ist nicht genug (vgl. Matth. 18,21-22). Angesichts der uns durch Christus vergebenen Schuld, gibt es keine Sünde, die zu groß wäre, daß wir einander nicht vergeben könnten.

Bekenntnis und Vergebung haben wunderbare Wirkungen auf persönliche Beziehungen. Meine Frau Nancy hat sich mir als

Frau für das Leben anvertraut. Manchmal aber füge ich ihr un-
absichtlich Leid zu. Ich sündige gegen sie. Das bringt »Kälte«
in unser Verhältnis. Wir sind »verheiratet« wie immer, aber die
Freude unseres Verhältnisses ist dann dahin. Wenn ich mein falsches Handeln erkenne und eingestehe, daß es mir leid tut, dann
bitte ich um Vergebung. Was für ein großartiger Wechsel findet dann statt! Nicht nur kehrt unsere Freude zurück, sondern
unser Verhältnis selbst wird gestärkt durch den Akt des Bekennen und Verzeihens. Diese Erfahrung baut tatsächlich Brücken
für weitere Kommunikation in unserer Ehe. Die Erfahrungen
im Bekennen und Vergeben sind wohl bisher die schönsten und
höchst wirksamen Zeiten in unserer eigenen Ehe gewesen. Es
ist Aufgabe und auch Verantwortung eines, der Rat erteilt, zu
diesem lebenswichtigen Reinigungsprozeß aufzurufen und zu
ermuntern.

4. **Belehre entsprechend dem Eheplan Gottes**

Der Seelsorger muß auch lehrfähig sein. Er trägt die Verantwortung dafür, die Ratsuchenden hinsichtlich des Eheplans Gottes, wie er in 1. Mose 2,24 und Epheser 5,22-23 aufgewiesen
wird, zu belehren. Beginne mit den Grundlagen. Die folgende
Skizze möge als allgemeine Richtlinie hilfreich sein, wobei das
1. Kapitel dieses Buches dazu dienen kann, die Details auszu-
füllen:

a) Die Einrichtung der Ehe (1. Mose 2,24)

    aa) Verlassen: Trennung von den Eltern mit Blick auf
                             Gründung einer neuen Familie

    ab) Anhangen: »Zusammengeleimtsein« in einer dauer-
                             haften, lebenslangen Bindung

    ac) Ein-Fleisch-   Vollzug der Ehe in körperlicher Ein-
         Werden: heit

b) Die Verpflichtungen in der Ehe (Eph. 5,22-23)

    ba) Die Ehefrau: eine untertänige Gehilfin (Eph. 5,22)

    bb) der Ehemann: ein sich aufopfernder Liebender
                         (Eph. 5,25)

Auch wenn der Rat an Ehepaare ergehen soll, die schon einige
Zeit verheiratet sind, sollte man mit den Grundlagen beginnen.
Erbaue die Ehe von Grund auf neu. Die biblische Belehrung
wird auch für das Ehepaar ein Modell zur Verfügung stellen,
nach dem sie ihre Ehe gestalten können.

5. Warne vor den Folgen der Scheidung

Eine weitere wesentliche Verantwortung des Seelsorgers besteht in der Klarstellung der Folgen einer Scheidung. Ermuntere den Ratsuchenden zu fragen: »Wie wird das meinen Ehepartner treffen?« »Wie wird sich die Scheidung auf meine Kinder auswirken?« Dann wird man aus der Schrift deutlich herausstellen, wie Gott die Ehe als **dauerhafte** Gemeinschaft geplant hatte. Dies ist im Wort »anhangen« in 1. Mose 2,24 enthalten und wird vom Herrn Jesus ausdrücklich erwähnt: »Was Gott daher zusammengefügt hat, das soll der Mensch nicht scheiden« (vgl. Matth. 19,6; Markus 10,9). In seiner Erörterung über Scheidung legt Paulus das Prinzip der »Nicht-Trennung« (1. Kor. 7,10-16) dar. Da es Gottes Wille für die Ehe ist, daß sie bis zum Tode dauert, liegt Scheidung offensichtlich nicht in Gottes Absicht. Sich vom Ehepartner zu trennen bedeutet, seinen Willen über den Willen Gottes zu erheben und von daher eine große Sünde zu begehen (vgl. 1. Sam. 15,22-23). Jakobus erklärt dazu: »Wer weiß, Gutes zu tun, und tut es nicht, dem ist es Sünde« (Jak. 4,17).

6. Bitte für die Wiederherstellung des Verhältnisses

Eine sehr bedeutsame, wenngleich häufig nicht beachtete Verantwortlichkeit des Seelsorgers ist das Gebet für die Wiederherstellung des Eheverhältnisses. Da wir wissen, daß Versöhnung Gottes Wille ist, wie er es in seinem Wort offenbart hat, können wir großes Vertrauen dareinsetzen, daß Er auf unser Gebet hört und es beantworten wird (1. Joh. 5,14-15). Er mag zwar nicht sofort antworten, aber das gibt uns ganz einfach nur die Gelegenheit, Ausdauer zu zeigen. Man erinnere sich an den ausdauernden Bittsteller in Lukas 11,5-10. Ein Mann ging um Mitternacht zu seinem Freund und bat um drei Laibe Brot. Der Freund indessen wollte nicht aufstehen und zur Tür gehen; doch die Ausdauer des Bittenden bewog ihn endlich dazu, das Brot zu beschaffen. Der Herr Jesus beschließt das Gleichnis mit folgenden Worten: »Bittet, und es wird euch gegeben werden; suchet und ihr werdet finden; klopfet an, und es wird euch aufgetan werden«. Anhaltendes Gebet ist nicht ein Mittel um Gottes Arm »zu verdrehen«. Es ist vielmehr ein göttlich bestimmter Weg, um das Maß unseres Verlangens und die Größe unserer Sorge Ihm mitzuteilen. Wir sollten mit

Samuel sprechen und denen, die Scheidung ins Auge fassen, sagen: »Fern sei es von mir, daß ich gegen den Herrn sündigen, daß ich ablassen sollte, für euch zu beten« (1. Sam. 12,23)

Rat an diejenigen, die Wiederheirat erwägen

Die überwältigende Mehrzahl der Geschiedenen heiratet wieder. Verschiedene Studien beweisen, daß ungefähr 90% der Leute, die sich scheiden lassen, eine neue Ehe eingehen, obwohl das wahrscheinlich alle schon bei der Scheidung planten. Da Wiederheirat fast unausweichlich in die Überlegungen einer geschiedenen Person einbezogen wird, so ist es für den Seelsorger außerordentlich wichtig, einige Richtlinien zu haben, die sich mit denjenigen befassen, die Wiederheirat erwägen. Einige meiner Leitlinien überschneiden sich mit denen, die für die Beratung von Personen gedacht sind, die Scheidung in Betracht ziehen. Sie werden daher etwas kürzer behandelt:

1. **Teile bedingungslose Liebe und Annahme mit.**
   Bedingungslose persönliche Liebe und Annahme zu zeigen, ist bei der Beratung der Menschen, die wiederheiraten, wie bei denen, die sich scheiden lassen, gleich wichtig. Höchstwahrscheinlich wird der Ratsuchende sich irgendwie eingeengt wenn nicht bedroht fühlen, wenn er befürchtet, daß der Berater ihm nicht zustimmt und sich deshalb nur widerwillig öffnet oder mitteilt. Zu Beginn eines solchen Beratungsgesprächs teile die **agape-Liebe** mit — die sich aufopfernde Hingabe (Joh. 13,34). Laß erkennen, daß man sie oder ihn akzeptiert, so »wie sie/er ist«, so wie Christus uns in unserem Zustand als Sünder angenommen hat (Röm. 15,7). Solch bedingungslose Liebe und Annahme wird die Basis für eine wirkungsvolle beratende Beziehung bilden.

2. **Entdecke die persönlichen Bedürfnisse des zu Beratenden.**
   Eine zweite Hauptverantwortlichkeit eines Seelsorgers ist die der Entdeckung persönlicher Bedürfnisse des Ratsuchenden. Ganz klar erwartet man von der Ehe, daß sie einigen dieser Bedürfnisse entspricht und sie befriedigt. Stelle tiefgehende Fragen: »Was vermissest Du im Leben, wenn Du ledig bist?« »Was würdest Du als Dein größtes Bedürfnis ansehen?« »Wenn Du drei Wünsche frei hättest, was wären sie?« »Wie werden Deine Bedürfnisse durch die geplante Wiederheirat berührt?« Stelle

diese Fragen und **höre Dir** dann **die Antworten aufmerksam an!** Ein guter Zuhörer ist ein guter Ratgeber.

Nachdem die Bedürfnisse des zu Beratenden erkannt worden sind, würde ich vorschlagen, daß man eine gemeinsame Problembewältigung versucht, um schöpferische Alternativen zu entwickeln, die diesen Bedürfnissen gerecht werden. Ein Ex-Ehemann wird eventuell ein Bedürfnis danach haben, daß ihm jemand seine Mahlzeiten zubereitet und die Wäsche macht. Eine neue Frau könnte dieser Not begegnen. Eine kreative Alternative würde es allerdings sein, wenn man eine Hilfe anstellte, die einmal in der Woche die Wäsche wüsche; vielleicht könnte er sich mit einer anderen Einzelperson über die Zubereitung des Essens verständigen. Eine Ex-Ehefrau mag vielleicht die Not verspüren, ein »Vater-Bild« für ihre Kinder zu haben, zu dem sie aufschauen könnten. Ein neuer Ehemann würde dieses Bedürfnis vielleicht ausfüllen. Doch würde eine Alternative darin bestehen, einen Onkel oder eine anderes Gemeindemitglied mit dieser Aufgabe zu beauftragen. Hilf dem zu Beratenden dazu, zwischen **echten Bedürfnissen** und **Wünschen** zu unterscheiden. Hilf dem Ratsuchenden zu erkennen, daß viele »Bedürfnisse« wirklich Gelegenheiten sind, um Christi Vorsorge zu vertrauen oder Selbstdisziplin zu üben ebenso wie Zufriedenheit mit den eigenen Umständen zu bekunden.

3. **Belehre hinsichtlich der Dauer der Ehe**

Eine dritte bedeutende Verantwortlichkeit des Seelsorgers besteht darin, Belehrung hinsichtlich der Dauer der Ehe zu erteilen. Nicht nur hat Paulus Verheiratete ermahnt, sich nicht zu trennen (viermal in 1. Kor. 7,10-16), sondern er hat auch gesagt, daß die Ehe nur durch den Tod beendet werde (Röm. 7,2-3; 1.Kor. 7,39). Die Ehe war von Gott als eine bis zum Tode andauernde Bindung geplant. Nur wenn einer der Partner stirbt, ist der andere frei, wieder zu heiraten. Scheidung zerbricht ein Haus, eine Familie, ein Ehepaar; aber eine bloß legale Scheidung beendet die Ehe aus Gottes Perspektive absolut nicht. Gott wird jede Ehe zu der von Ihm festgesetzten Zeit des Todes eines der Ehepartner beenden (vgl. 5. Mose 32,39; 1. Sam. 2,6).

4. **Ermutige zur Versöhnungsbereitschaft oder zum ledigen Stande.**

Die Heranziehung der Bibel ist ein wesentlicher Bestandteil

christlicher Beratung. Wer sich an geschiedene Personen wendet, die eine Wiederheirat ins Auge fassen, muß sie in liebevoller Weise mit den Alternativen der Schrift für den Geschiedenen konfrontieren. Zwei Alternativen werden von Paulus in 1. Kor. 7,11 genannt. Im Falle der Scheidung oder Trennung muß sich der Partner entweder versöhnen oder ledig bleiben. Die Option der Versöhnung anerkennt die Dauer der Ehe bis zum Tod (Röm. 7,2-3; 1. Kor. 7,39). Die Option des Ledigbleibens anerkennt, daß Wiederheirat mit einem anderen Ehepartner im Ehebruch endet (Markus 10,1-12; Lukas 16,18). Bemerke, daß es **nur zwei** Alternativen gibt, die Paulus den Geschiedenen gibt. Nirgendwo in seinen Schriften gibt er die Erlaubnis oder Zustimmung zur Wiederheirat einer geschiedenen Person. Diese Wahrheit muß in liebevoller aber auch bestimmter Weise denjenigen gesagt werden, die eine Wiederheirat erwägen.

5. **Warne vor den Konsequenzen der Wiederheirat**

Diejenigen, die für die verfügbaren biblischen Möglichkeiten nicht zugänglich sind, die den geschiedenen Personen angeboten werden, müssen vor den verheerenden Folgen der Wiederheirat gewarnt werden.

Erstens bedeutet Wiederheirat einer geschiedenen Person mit jemand anderem als dem früherem Ehepartner Ehebruch (Markus 10,1-12; Lukas 16,18).

Zweitens hat Gott harte Konsequenzen für diejenigen verfügt, die Seinen Plan für die Ehe verletzen. In Sprüche 6,32-33 wird uns gesagt: »Wer mit einer Frau Ehebruch begeht, ist unsinnig; wer seine Seele verderben will, der tut solches. Plage und Schande wird er finden, und seine Schmach wird nicht ausgelöscht werden.« Die Sünde des Ehebruchs ist selbst-zerstörerisch und bringt unauslöschliche Schande auf jemandes Namen. Solche Schande wird bestimmt die geistliche Wirksamkeit jedes Christen schmälern.

Drittens enthüllt Hebr. 12,6-11, daß Gott Gläubige, die sündigen, züchtigen wird, damit sie Seiner Heiligkeit teilhaftig werden und danach die friedsame Frucht der Gerechtigkeit hervorbingen. Eine solch göttliche Zucht wird keine glückliche Erfahrung sein!

Viertens wird die Sünde des Ehebruchs auf der Grundlage von 1. Joh. 1,9 zwar vergeben, doch werden dauernde zeitliche Folgen von denjenigen zu tragen sein, die Gottes Moralgesetz verletzen.

David ist ein Hauptbeispiel für den, der die **zeitlichen** Folgen seiner Sünde zu tragen hatte. Obwohl die Sünde mit Bathseba bekannt und vergeben wurde (2. Sam. 12,13; Ps. 51) starb doch das Kind aus dieser ehebrecherischen Verbindung (2. Sam. 12,19). Später begann David die Folgen seines unmoralischen Tuns in seinem eigenen Haus zu ernten. Seine Tochter Tamar wurde vergewaltigt (2. Sam. 13,1-9); sein Sohn Amnon wurde erschlagen (2. Sam. 13,20-29) und sein Sohn Absalom bemächtigte sich Davids Thron und wurde später bei der Niederschlagung der Rebellion getötet (2. Sam. 15,18). Blutvergießen, Unmoral und Rebellion markieren die letzten Jahre der Herrschaft Davids, als er die Konsequenzen seiner Sünde zu ertragen hatte (2. Sam. 12,9-11). Ich glaube, daß Gott die Folgen der Sünde als Warnung für andere benutzt, damit diese nicht den gleichen Weg des Ungehorsams gehen (vgl. 1. Kor. 10,11).

6. **Bitte um Entscheidung des Ratsuchenden**

Schließlich trägt der Beratende die Verantwortung, dafür zu beten, daß der Beratene durch Wort und Schrift dazu geführt wird, die richtige Entscheidung bezüglich seines Problems zu treffen. Nur allzuoft vernachlässigen Christen den lebenswichtigen Dienst des Gebetes für einander. Möge Gott vermehrt Seelsorger schenken, deren Rat biblisch begründet, deren Herzen liebevoll und deren Gebete inbrünstig für die sind, denen sie dienen.

Zusammenfassung und Schluß

Neulich war ich dabei, Examina zu benoten, als einer der Graduierten zu mir ins Büro kam, um meinen Rat einzuholen hinsichtlich eines jungen Mannes, der in schwieriger Lage war. Frank berichtete mir, wie dieser Freund in Abhängigkeit vom Herrn gearbeitet und gedient hatte und nun mit Eheschwierigkeiten konfrontiert war. Seine Frau hatte ihn verlassen. Ich konnte Frank einige biblische Leitlinien für die Beratung dieses jungen Mannes mitgeben. Dann beugten wir unsere Knie und beteten für die Wiederherstellung dieser Ehe.

Wir wollen uns daran erinnern, daß die von uns aufgezeigten Leitlinien und biblischen Modelle eher andeutender als erschöpfender Art sind. Ganze Bücher sind über dieses Thema abgefaßt worden! Wir wollen uns ebenfalls noch daran erinnern, daß nicht nur das, **was** man sagt, sondern auch **wie** man etwas sagt, von wesentlicher Bedeutung für eine christliche Beratung ist. Sage die Wahrheit, wie der Herr Jesus sie sagte — mit Vertrauen, mit Überzeugung und Mitleid. Es mag das Wort oder Prinzip sein, daß Du in Liebe anbietest, das der Herr gebrauchen wird, um einige dazu zu ermutigen, ihren von Gott so eingesetzten Ehebund zu erhalten.

Fragen

1. Untersuche die biblischen Modelle für christliche Beratung. Welche Anwendung kannst Du Nathans Handeln mit David in 2. Sam. 12 entnehmen?

2. Welche Prinzipien illustriert Jesu Handeln mit der Ehebrecherin in Johannes 8? Wie steht es mit Seinem Handeln mit der Samariterin in Johannes 4?

3. Beschreibe das Verfahren, das der Herr mit dem Propheten Hosea durchexerzierte. Wie lassen sich Gottes Anweisungen an Hosea mit denen des Apostels Paulus in 1. Kor. 7,11 vergleichen?

4. Warum ist es für einen Seelsorger wesentlich, den Ratsuchenden eine Haltung der Liebe und Annahme anzubieten?

5. Warum ist es wichtig, die Wurzel des Eheproblems freizulegen, wenn man eine Person berät, die Scheidung in Erwägung zieht? Wie würdest Du diese Sache angehen?

6. Was bewirken Bekenntnis und Vergebung für die, die Eheschwierigkeiten durchleben?

7. Welche Belehrung aus der Bibel würdest Du jemandem geben, der Scheidung erwägt? Skizziere Deine Antwort unter Berücksichtigung der Bibel.

8. Welche Belehrung aus der Bibel würdest Du einer geschiedenen Person erteilen, die die Wiederheirat ins Auge faßt? Skizziere Deine Antwort unter Berücksichtigung der Bibel.

9. Welche Folgen der Scheidung und Wiederheirat werden uns im Wort Gottes verdeutlicht?

XII. Wiederherstellung der göttlichen Norm

In einer vor kurzem erschienen amerikanischen Zeitung (OREGON JOURNAL, eine Abendzeitung) bemerkte ich folgende Kleinanzeige:

Scheidungsdienst
58 Dollar
Alle Gebühren und Dienstleistungen sind in diesem
niedrigen Preis enthalten
Tel. 234 — 1000

Was für ein Geschäft! Ihre Ehe kann für bloße 58 Dollar legal aufgelöst werden — für einen Tagesverdienst vieler Menschen. Diese Anzeige sagt mir verschiedene Dinge über die Ehe und Scheidung in unserer modernen Gesellschaft.

Erstens: ist die Ehe für viele Leute billig. Es ist eine Beziehung, in die man so beiläufig eintritt, und die man ohne große Kosten wieder auflöst. Hunderte von Menschen werden auf diese Anzeige antworten und ihre Ehen für den Preis von ein Paar guter Schuhe wegwerfen!

Zweitens: Scheidung ist einfach. Die »keine-Schuld-Scheidung« neuerer Zeit eliminiert die Notwendigkeit des Schuldbeweises. Wenn die Scheidung nicht angefochten wird, kann die Ehe leicht für null und nichtig erklärt werden. Scheidung in solcher Situation ist fast ein klerikaler, legaler Vorgang.

Drittens: Scheidung greift wild um sich und wuchert! Es ist der alte Fall von »Angebot und Nachfrage«. Wegen der öffentlichen Forderung nach schneller und leichter Scheidung haben entgegenkommende Rechtsanwälte fast wie am Fließband arbeitende Scheidungsdienste eingerichtet, um dem Bedürfnis nachzukommen und schnelles Geld zu verdienen. Welch tragischer Kommentar zum Thema »Ehe und Familie in Amerika« ist doch diese kleine Anzeige »Scheidungsdienst — 58 Dollar«. Der in Sünde gefallene Mensch ist sicherlich ein gutes Stück vom Weg des göttlichen Eheplans abgekommen. Die Gemeinde Jesu Christi aber muß die göttliche Norm für die Welt sichtbar errichten. Da wir uns dem Ende der Abhandlung nähern, wird es hilfreich sein, zusammenzufassen, die Lehre kurz anzuwenden und einige Schlußkommentare zu geben. Wir sind zusammen einen langen Weg gegangen und haben die biblischen Kernstellen untersucht, die sich auf die Fragen von Scheidung und Wiederheirat beziehen. Folgen Sie mir jetzt bitte, wenn wir uns etwas Zeit zur Rückschau nehmen:

Zusammenfassung der Lehre

1. Die Ehe ist eine von Gott angeordnete und institutionalisierte menschliche Beziehung. Während Landesgesetze und Ehesitten in verschiedenen Kulturen variieren, schließt die Ehe grundsätzlich drei Elemente ein:
   a) ein öffentlicher Akt, der die Absicht des Paares ausdrückt,
   b) ein Dauerbündnis von zwei Leben,
   c) ein körperliches Einssein innerhalb dieses Verhältnisses (1. Mose 2,24).

2. Gottes ursprünglicher Plan für die Ehe sah eine Frau für einen Mann lebenslang vor (1. Mose 2,23-24; 5,2). Es ist nicht Sein Wunsch, daß geschieden wird (Matth. 19,6; Markus 10,9).

3. Weder Gott noch Mose **befahlen** oder **ordneten** Scheidung an. Scheidung fand statt wegen der Abweisung des ursprünglichen, göttlichen Eheplans durch den Menschen. Um nun die Rechte der abgewiesenen Frau zu schützen, forderte Gott die Ausstellung einer Scheidungsurkunde für die geschiedene Frau (5. Mose 24,1-4).

4. Die von Esra und Nehemia geforderte Scheidung war ein einmaliger Versuch seitens dieser Führer, die messianische Linie rein und den hebräischen Glauben unbefleckt zu erhalten. Dies geschah zur Zeit der Wiederherstellung Israels angesichts der vielen Mischehen mit götzendienerischen Heiden (Esra 9-10; Nehemia 13,23-30). Jeder Versuch, diese Textstellen auf moderne Ehen anzuwenden, würde der Lehre des Apostels Paulus widersprechen, der den Gläubigen befahl, keine Scheidung von ungläubigen Ehepartnern anzustreben (1. Kor. 7,12-16).

5. Gott haßt Scheidung, weil sie eine gefährliche Verletzung eines Bundesvertrages wäre und Seinem ursprünglichen Eheplan widerspräche (Maleachi 2,14-16; 1. Mose 2,24). Der Grund, war-

um Gott Scheidung im Alten Testament duldet, liegt nach der Erklärung des Herrn Jesus in der Herzenshärtigkeit der Herzen, die sich gegen Gottes Willen und Sein Wort richten (Matth. 19,8; Mark. 10,5).

6. Sowohl der Herr Jesus als auch der Apostel Paulus lehrten den Grundsatz der Nichtscheidung (Matth. 5,31-32; 19,1-12; Mark. 10,1-12; Luk. 16,18; 1. Kor. 7,10-16). Scheidung und Wiederheirat münden im Ehebruch, wobei die einzige Ausnahme im Falle einer Ehe innerhalb der Verwandtschaft bestimmten Grades zu sehen ist (3. Mose 18,6-18).

7. Da der Tod die Ehebande löst (Röm. 7,2-3; 1. Kor. 7,39) ist Wiederheirat erlaubt, ohne daß die gläubige Witwe oder der gläubige Witwer in Sünde fällt, wenn die Ehe mit einem anderen Gläubigen geschlossen wird (1. Kor. 7,39; 2. Kor. 6,14-18).

8. Im Fall der Scheidung stehen nur zwei Möglichkeiten für den oder die Geschiedene offen:
a) dauerhaft unverheiratet zu bleiben oder
b) sich mit dem Ehepartner zu versöhnen (1. Kor. 7,11).

9. Ein Ältester oder ein Diakon einer neutestamentlichen Gemeinde muß »Mann einer Frau« sein — nur einmal verheiratet. Jemand, der geschieden oder der geschieden und wieder verheiratet ist, ist als ungeeignet anzusehen. Ein Mann, der seiner Frau nicht völlig treu und ergeben ist und anderen Frauen nachläuft, ist ebenfalls für den Dienst eines Gemeindeältesten und Diakons unbrauchbar (1. Tim. 3,2 u. 12; Titus 1,6).

Anwendung der Lehre

Ein ganzes Kapitel wurde schon auf die Anwendung der biblischen Lehre über Scheidung und Wiederheirat verwendet. Die folgende Tabelle kann sich für einen zukünftigen Überblick oder Rückblick als hilfreich erweisen:

(vgl. Seite 106-118)

Die Situation	Die Sünde	Die Bibelstellen	Die Lösung
1. Scheidung	Verletzung des Ehebundes und Verstoß gegen Gottes Eheplan	Maleachi 2,14	Bekennen der Sünde (1. Joh. 1,9)
		1. Mose 2,24	Bemühen um Versöhnung (1. Kor. 7,11)
		Matthäus 19,6 Markus 10,9	Bei Unmöglichkeit der Versöhnung, bleibe lebenslang ledig (1. Kor. 7,11)
a) wegen Untreue	falsche Auslegung des Ausnahmesatzes; Vergebung nicht geschehen	Matthäus 5,32 Matthäus 19,9 Epheser 4,32	Vergib dem untreuen Partner (Matth. 6,14-15; Eph. 4,32) Versöhne dich in der Ehe (1. Kor. 7,11)
b) wegen Verlassens	falsche Auslegung des Satzes »nicht geknechtet oder gebunden«	1. Korinther 7,15	Vergib dem, der dich verließ (Matth. 6,14-15) Versöhne dich mit deinem Verhältnis (1. Kor. 7,11)
2. Wiederheirat a) geplant	wissentlich Sünde des Ehebruchs	Markus 10,11-12	Fliehe solche Unmoral (2. Tim. 2,22) Ziehe die Ehe nicht durch (Jak. 4,17).
b) vollzogen	Sünde des Ehebruchs	Markus 10,11-12 Lukas 16,18	Bekenne die Sünde (1. Joh. 1,9) Erhalte die Ehe aufrecht (1. Kor. 7,10-11)
3. Scheidung und Wiederheirat (vor oder nach der Wiederheirat	Sünde des Ehebruchs	Markus 10,11-12 Lukas 16,18	Bekenne die Sünde (1. Jo. 1,9) Erkenne die Vergebung an (Röm. 5,1; 8,1) Unterscheide zwischen Vergebung der Sünde und Folgen der Sünde (1. Joh. 1,9; Gal. 6,7)
4. Heirat einer geschiedenen Person	Sünde des Ehebruchs	Lukas 16,18	Bekenne die Sünde (1. Joh. 1,9) Erkenne die Vergebung an (Röm. 5,1 8,1) Vergegenwärtige dir die eingeschränkten Möglichkeiten des Dienstes für Christus (1. Tim. 3,2 u. 12; Titus 1,6)
5. Scheidung, neue Ehe, Wiederheirat	Rückkehr zum früheren Ehepartner nach einer zwischenzeitlichen zweiten Ehe ist ein Greuel vor dem Herrn	5. Mose 24,1-4	Bekenne die Schuld (1. Joh. 1,9) Vermeide solche Sünde (2. Tim. 2,22) Zerstöre nicht eine zweite Ehe, um zum ersten Ehepartner zurückzukehren (1.Kor 7,10-11)

138

Die Situation	Die Sünde	Die Bibelstellen	Die Lösung
6. Ehefrau gefährdet	Ehemann bedroht die Frau physisch; ihr Leben ist in Gefahr	1. Korinther 7,11	Wenn Trennung unvermeidbar ist, bleibe allein und arbeite für die Versöhnung (1. Kor. 7,11).
7. Geschiedene und wieder verheiratete Personen, die Älteste oder Diakone sein möchten	sind nicht »ohne Tadel« und auch nicht »Mann *einer* Frau«	1. Timotheus 3,2 u. 12; Titus 1,6	Vergegenwärtige dir, daß die Sünde jemanden von bestimmten Gelegenheiten des Dienstes disqualifiziert (1. Sam. 15,22-23). Ermutige einen solchen, seine Fähigkeiten auf einem anderen als diesem Gebiet einzusetzen und nicht Ältester oder Diakon werden zu wollen.

Schlußbemerkungen

In gewissem Sinn beschließt man nie das Studium einer biblischen Lehre; zum Beispiel wirft die moderne Archäologie immer weiteres Licht auf viele bibische Lehren. Ebenso geschieht es durch das Studium des historischen Hintergrunds und sorgfältigere Auslegung. Klärungen und präzise Feststellungen über die Lehre können getroffen werden, da die Schriftforscher von heute auf den Schultern der Generationen vor ihnen stehen und weiter in das Wort eindringen können, um Gottes Wahrheit zu suchen. Was das Ziel unseres jetzigen Studiums der Problematik von Scheidung und Wiederheirat angeht, so haben wir das Ende unserer Nachforschungen erreicht.

Wir haben herausgefunden, daß die biblische Lehre über dieses Thema eine ganz deutliche ist, wenn man sie mit den heute akzeptierten Normen (vor allem in der amerikanischen Gesellschaft) vergleicht. Gottes ursprünglicher Plan für die Ehe war ein Mann, der mit einer Frau lebenslang verbunden sein sollte. Scheidung stellte sich als Konsequenz ein, als der Mensch Gottes Plan ablehnte. Gott aber hat Sein Ideal nie verändert. Nirgendwo in der Schrift senkt Gott seine gerechten Maßstäbe ab, um der gefallenen menschlichen Natur entgegenzukommen, auch nicht im Fall der Gnadenerzeigung. Durch Mose ließ Gott Scheidung, durch Paulus die Frage der Bindung regeln (Eph. 6,5-9; Kol. 3,22-4,1); in keinem Fall aber hat Gott diese Übel angeordnet. Gottes Haß auf Scheidung spiegelt sich in den Lehren des Herrn Jesus und des Apostels Paulus wider, die beide den Ehebund als unauflöslich betrachteten. Auflösen kann nur der Tod. Für Geschiedene gibt es nur zwei Möglichkeiten: 1) dauernd unverheiratet bleiben oder 2) sich mit dem Partner zu versöhnen.

Angesichts der Tatsache, daß Lehrer für die Genauigkeit ihrer Lehre verantwortlich sind und dafür gerichtet werden, wenn sie andere zu Irrtum verführen (Matth. 18,6-7; Hebr. 13,17; Jak. 3,1), habe ich versucht, das, was die Bibel über Scheidung und Wiederheirat lehrt, in diesem Buch zu reflektieren. Ich glaube, daß durch Gottes helfende Gnade und sorgfältiges Studium, diese Aufgabe gelungen ist. Ich denke, daß Gott unsere Gemeinden segnen wird, wenn sich Lehrer und Diener am Wort an die Lehre der Bibel bezüglich der bis zum Tode andauernden Ehe halten. Nur dann wird die christliche Ehe das Bild der unauflösbaren Beziehung zwischen Christus und Seiner Versammlung genau widerspiegeln. Möchten wir als Gläubige doch der Lehre des Herrn Jesus hinsichtlich der Dauer der Ehe gehorsam sein und sie beachten, nicht weil wir diese Wahrheit vollends verstünden oder ihren Wert völlig schätzen könnten, sondern weil wir Ihn lieben, der sagte: »Wenn ihr mich liebt, so haltet meine Gebote« (Joh. 14,15).

Rückblickfragen:

1. Was bedeutet Ehe vom biblischen Standpunkt aus (1. Mose 2,24)? Erkläre in eigenen Worten, warum Gott das Eheverhältnis einrichtete.

2. Welche Rollen hat Gott dem Ehemann und der Ehefrau in der Ehe zugewiesen (Eph. 5,22-30). Bedeutet Unterwürfigkeit Minderwertigkeit? Erkläre die Antwort.

3. Was würdest Du als den Hauptpunkt der von Mose gegebenen Gesetze in 5. Mose 24,1-4 ansehen? Warum toleriert Gott nach Matth. 19,8 und Markus 10,5 Scheidung in Seinem Volk?

4. Warum forderten die Führer bei der Wiederherstellung Israels Scheidung, so wie es in Esra 9-10 und Nehemia 13,23-30 berichtet wird? Wäre es richtig, diese Stellen auf die heutigen Ehen anzuwenden (1. Kor. 7,12-13)?

5. Wie steht Gott zur Scheidung (Maleachi 2,10-16)? Wie steht Er zur geschiedenen Person? Wie wertest Du die herkömmlichen Haltungen zu Geschiedenen? Welche Änderungen würdest Du vorschlagen?

6. Welches Argument benutzt der Herr Jesus in Markus 10,6-9 um zu zeigen, daß Scheidung tatsächlich dem Plan Gottes für die Ehe fremd ist?

7. Welchen einzigartigen Beitrag leistet Matth.19,1-12 bezüglich der Lehre des Herrn über Scheidung und Wiederheirat? Welch einzigartige Stelle findet sich in Markus 10,11-12? Wie steht es mit Lukas 16,18?

8. Welche Auslegungen des Ausnahmesatzes in Matth. 5,32 und 19,9 sind möglich? Welche von ihnen scheint Dir die beste zu sein? Fasse die Beweise für Deine Ansicht zusammen.

9. Was definiert eine Ehe vor Gott entsprechend der Lehre des Apostels Paulus (Röm. 7,2-3; 1. Kor. 7,39)? Welches Licht wirft diese auf die Belehrung, die Paulus Geschiedenen in 1. Kor. 7,11 gibt?

10. Lehrt 1. Kor. 7,15 daß Scheidung und Wiederheirat im Falle des Verlassens erlaubt sind? Welches Schlüsselprinzip der Auslegung biblischer Sachverhalte hilft uns, diesen Vers zu verstehen?

11. Was bedeutet der Ausdruck »Mann einer Frau«, so wie er von Paulus in 1. Tim. 2,3 u. 12 und Titus 1,6 verwendet wird, wo er die Eignungsbefähigung für Älteste und Diakone festlegt? Warum ist es nach Deiner Sicht für einen solchen bedeutsam, diesen Qualifikationen zu entsprechen?

12. Welche Schritte können in Deiner Gemeinde unternommen werden, um Scheidungsabsichten zu entmutigen und die Menschen über die Dauerhaftigkeit eines Ehebündnisses zu belehren? Formuliere Hilfsangebote, die jungen Leuten, jungen Paaren und reifen Erwachsenen helfen, Gottes Perspektive für Ehe einzunehmen.

Josef Kausemann:
Der König, den Gott wählte
Paperback, 206 Seiten
Bestell-Nr. 2067, DM 18,80

Zweiter Teil des bereits erschienenen Buches: »Ein Mann nach Gottes Herz«.
Die Lebensgeschichte des Königs David, der das Volk Israel zu großer Macht und Herrlichkeit führte.
David, ein Mann der in seinem Leben durch Höhen und Tiefen ging, pflegte immer eine ausgesprochen innige Gemeinschaft mir Gott. Er war nicht nur ein Mann nach Gottes Herz, sondern auch der König, den Gott sich erwählte um das Reich Israel zu festigen. In vielen Wesenszügen Davids erkennen wir Jesus Christus, den Sohn Gottes und den König der Könige.

Theodore H. Epp:
Ein Mensch wie wir
Paperback, 139 Seiten
Bestell-Nr. 2068, DM 14,80

Ein Lebensbild des Propheten Elia.
Als der Feind Gottes mit dem Baalsdienst in Israel einbrach, erweckte der Geist Gottes Elia. Gott brauchte einen Mann der in den Riß trat und Er fand den bescheidenen Tisbiter. Elia war Mensch wie wir, der einzige Punkt in dem er sich vom Durchschnittsgläubigen unterschied, war seine einfache, aufrichtige Hingabe an Gott. Wenn Gott sprach, dann gehorchte Elia. Er war ein Mann des Glaubens und die Werke seines Glaubens bleiben aktuell und lebendig.

William MacDonald:
16 Männer mit einer Botschaft
Die Propheten des Alten Testaments
Paperback, ca. 170 Seiten,
Bestell-Nr. 2070, DM 15,80

Gott beauftragte viele Männer, Seine Botschaft an die Menschen weiterzugeben.
Sechzehn von ihnen wurden vom Geist Gottes geführt, die von Gott eingegebenen Worte niederzuschreiben. Diese Worte finden wir in der Bibel. Jene Männer sprachen Wahrheiten Gottes und was sie zu sagen hatten, ist auch heute noch von großer Wichtigkeit. Dieses Buch soll eine Hilfe sein, diesen großartigen Teil der Bibel besser zu vertsehen.

Stanley A. Ellisen:
Von Adam bis Maleachi
Hardcover, 16,5x24 cm,
ca. 320 Seiten,
Bestell-Nr. 2071, DM 28,80

Der Autor führt den Leser des Alten Testaments zum Thema eines jeden einzelnen Buches. Die Information über Hintergründe ist sehr ausführlich und es ist Ellisen gelungen, hochinteressantes Wissen auf eine frische, originelle, doch tiefsinnige Art zu vermitteln. Er läßt keinerlei Abweichungen von dem vom Heiligen Geist inspirierten Wort Gottes zu und setzt keine Fragezeichen, wo die vom Geist geführten Schreiber einen Punkt gesetzt haben. Viele Karten und Tabellen machen das Buch zu einem sauber gegliederten und übersichtlichen Arbeitsbuch für den ernsthaften Bibelleser.

Gary Inrig: Wahre Freundschaft
Paperback, 160 Seiten,
Bestell-Nr. 2073, DM 18,80

Anhand des Lebensbildes von Jonathan und David, wird das Wesen wahrer Freundschaft deutlich herausgestellt. Die Beiden verband eine Freundschaft, die sich auch in größten Zerreißproben bewährte, die selbst vor der völligen Hingabe in den Tod nicht zurückschreckte. Nicht auf die Menge, oder Quantität von Freunden kommt es an, sondern auf die Qualität, den Wert und die Wertbeständigkeit.
Die biblische Sicht, gottgewollter und gewirkter Freundschaft, wird in diesem Buch noch zusätzlich herausgestellt durch eine Betrachtung des 13. Kapitels des 1. Korintherbriefes.

William MacDonald:
Dein Wort ist Wahrheit
Paperback, ca. 96 Seiten,
Bestell-Nr. 2074, DM 9,80

Auf einfache, aber dennoch sehr schlüssige Weise, festigt der Autor in diesem Buch das Fundament unseres Glaubens, die absolute Glaubwürdigkeit des Wortes Gottes. Dieses Plädoyer für die Bibel beleuchtet das Thema von verschiedenen Seiten. Es beginnt mit außerbiblischen Zeugnissen über die Bibel, wendet sich dann den erfüllten Prophetien zu und behandelt auch die von der Welt zum Spannungsfeld hochgespielten Kontroverse Bibel — Wissenschaft.
Der Autor widmet sich auch angeblichen Widersprüchen in der Bibel, wie etwa der Frage: Woher nahm Kain seine Frau?